Introduction

Banal, disponible et gratuit, le carton d'emballage de récupération est à la base des meubles et des objets qui vous sont proposés dans cet ouvrage. Facile d'utilisation, les possibilités qu'il vous offre vous étonneront, et vous serez surpris par la solidité de vos réalisations.

Avec un peu d'attention, de patience et de méthode, la fabrication d'objets et de meubles en carton est à la portée de tous, même des enfants. Toutefois, l'usage d'outils coupants nécessite une surveillance des plus jeunes.

Les modèles sont classés par niveaux de difficulté. Pour vous faire la main, vous pouvez d'abord réaliser les objets les plus simples – un plateau, par exemple – puis en suivant scrupuleusement les instructions étape par étape, vous lancer directement dans la réalisation d'un meuble.

Vous allez acquérir de cette manière une bonne maîtrise de la technique, et rapidement voler de vos propres ailes, imaginer des créations personnelles en exprimant votre fantaisie.

Attention cependant, il y a risque d'accoutumance ! On observe parfois chez certains une propension à tout imaginer en carton ! Il y a aussi risque de contagion tant vos réalisations surprendront votre entourage et feront des émules.

Le matériel

Une scie sauteuse

Un modèle simple suffit pour découper du carton. Utilisez de préférence des lames fines (prévues pour le métal) qui feront une coupe plus nette. Pour couper, le sabot de la scie doit toujours être bien à plat sur le carton. Faites un essai avant de vous lancer.

Un pistolet à colle

Le pistolet électrique s'utilise avec des bâtons de colle transparente. Préférez pour la colle un conditionnement sous plastique, en paquet de 1 kilo, c'est meilleur marché. Il suffit de le brancher et, après quelques minutes de chauffe, on peut l'utiliser. La colle sort lorsqu'on appuie sur la gâchette – attention, ça brûle !

Du ruban kraft gommé

Il existe en blanc, en brun, et en différentes largeurs, en rouleau de 200 mètres. Pour tous les meubles et objets de ce livre, vous utiliserez le kraft gommé brun de 3,6 mm de large.

Une éponge

Posée dans une soucoupe, elle doit être bien mouillée et sert à humidifier le ruban kraft gommé.

De la colle à papier peint

Elle s'achète en paquet et se prépare au fur et à mesure. Utilisez de la colle pour papier universel, simple à préparer : saupoudrez un verre de poudre dans 1 litre d'eau, attendez 5 minutes et la colle est prête à être utilisée. 1 litre de cette colle est suffisant pour habiller chaque commode (ou le chevet) avec la technique du papier ; elle peut aussi être teintée avec des pigments (en poudre ou liquides).

De la colle repositionnable en bombe

Un cutter

Préférez un cutter à grosse lame, plus solide, et prévoyez des lames de rechange ; les lames s'usent vite et une lame usée ne fait pas de coupe nette. Pour réaliser une coupe, préférez passer 2 ou 3 fois sur le trait à couper.

Des ciseaux

Une pointe un peu effilée les rend plus pratiques pour les crantages du kraft ; n'oubliez pas de les nettoyer souvent, la colle se dépose sur les lames qui ne coupent plus, mais déchirent le papier.

3M
7043
Spray Mount™
COLLE
PAPIERS PEINTS
universelle
PEUGEOT
350Watt 55mm

Un rouleau de carton

Récupéré chez un marchand de tissus et coupé à 60 cm environ, il est très pratique pour préformer le carton qui habillera les différents côtés des meubles. Il existe des diamètres différents ; un « moyen » (diamètre de 7 cm environ) convient pour tous les meubles de ce livre.

Une règle (ou réglet)

Une fine de 50 cm est parfaite pour prendre les différentes mesures dans les niches ou pour les petits morceaux. Une lourde de 80 cm est plus adaptée pour les découpes en général, elle est antidérapante ; plus stable. Elle sert de guide et aussi de maintien pour couper le carton.

Une râpe à bois

Le modèle le plus simple possible, sert à lisser les bords qui ne sont pas très précis (souvent après la coupe à la scie sauteuse). On l'utilise aussi pour réduire de quelques millimètres un morceau qui dépasse – lors de l'équerrage, par exemple.

Une plaque de coupe

En PVC, elle est habituellement utilisée pour l'encadrement. Ne la prenez pas trop petite, les cartons dépassant vite – la bonne taille : 60 x 90 cm. Utilisez le quadrillage en repère pour tracer les traverses perpendiculaires aux bases. Cette plaque protège votre table de travail.

Une équerre

Choisissez-la plutôt en métal et un peu longue pour l'équerrage des grandes pièces.
On peut aussi se fabriquer deux ou trois équerres en carton solide. Il faut évidemment bien vérifier les angles droits. Pliez un carton en deux et maintenez l'écart avec du kraft gommé ; à l'intérieur, glissez une bouteille d'eau pour bloquer cette équerre le long d'un meuble (croquis 1).

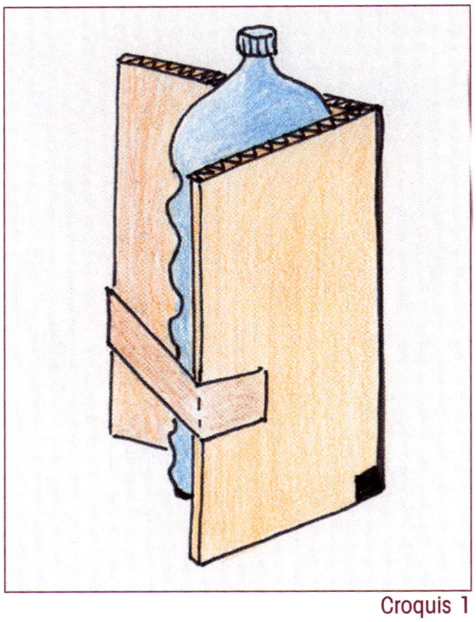

Croquis 1

Un récipient en plastique avec couvercle

Préparez la colle à papier peint dans ce récipient. Avec le couvercle posé, elle se gardera plusieurs jours sans problème.

Un pot de colle vinylique

C'est une colle blanche pour le gainage ou le cartonnage, qui sèche assez vite et que l'on peut diluer à l'eau si elle n'est pas assez fluide. Vous l'utiliserez pour gainer le chevet avec le papier marbré (pages 26 et suiv.). Cette colle ne jaunit pas dans le temps, elle a un PH neutre.

Des pinceaux

Utilisez un pinceau plat n° 20 ou 25 que ce soit pour la colle ou pour le vitrificateur.

Un mètre ruban

Pour mesurer toutes les formes arrondies, c'est plus facile qu'avec la règle.

Un vitrificateur aquaréthane

« Aquaréthane » signifie que le matériel se nettoie à l'eau et que son odeur est moins forte.
Il sert à protéger le meuble en le rendant imperméable. Il sèche rapidement. N'hésitez pas à en passer trois couches en laissant sécher entre chacune d'elles.

Des pigments

Ils se présentent sous forme de poudre (on les trouve facilement en petit pot). La gamme des couleurs est très variée, aussi profitez-en pour faire des mélanges. Si vous en mettez dans la colle à papier peint, n'hésitez pas à charger en couleur pour ne pas obtenir une teinte trop « lavasse ». Avant de vous lancer sur le meuble, faites toujours un essai préalable sur un morceau de carton. Munissez-vous d'un sèche-cheveux pour accélérer le séchage et visualisez la teinte qui sera plus claire une fois sèche. Il existe aussi des colorants en tube (même utilisation).

De la peinture acrylique

En mat ou brillant, la gamme de couleurs est importante et permet bon nombre d'harmonies. Avant de l'appliquer sur le meuble, il faut poser partout une couche de papier de soie avec la colle à papier peint neutre et bien laisser sécher. Sans cette préparation, toutes les marques du ruban kraft gommé restent très visibles et peuvent nuire à l'esthétique finale.

Le carton et le papier

Les différents cartons

• Il existe de nombreux types de carton que l'on peut acheter dans les magasins de beaux-arts ou d'encadrement. Celui qu'on utilise pour la fabrication des meubles ou des objets de ce livre est uniquement du carton de récupération, il suffit de faire les poubelles ! Les cartons du type cartons de déménagement, emballages d'appareils d'électroménager, etc., sont parfaits.
Avantage : si on se trompe, on recommence, et ça ne coûte pas plus cher !

• Le carton ondulé existe en simple, double ou triple cannelure (croquis 1). Celui qu'on utilise le plus est en double cannelure. Le carton à triple cannelure, plus difficile à trouver, est très résistant. C'est celui qu'on utilise pour la table basse (page 60) et le fauteuil (page 72).

• Le carton ondulé ne peut être roulé que dans un seul sens. Réfléchissez bien avant de couper les morceaux qui viennent habiller les côtés arrondis des meubles ou objets (croquis 2).

• Pour davantage de rigidité, il est préférable de couper les plaques avec la cannelure verticale, donc perpendiculaire au sol. Les traverses seront coupées indifféremment dans un sens ou dans l'autre.

• En revanche, pour habiller toutes les niches ou tiroirs, si vous utilisez le sens de la cannelure visible, les angles seront plus nets. Le carton ondulé a une face plus lisse que l'autre – en général celle où il y a les inscriptions. Veillez à l'utiliser de préférence pour la FACE et pour le FOND de votre meuble.

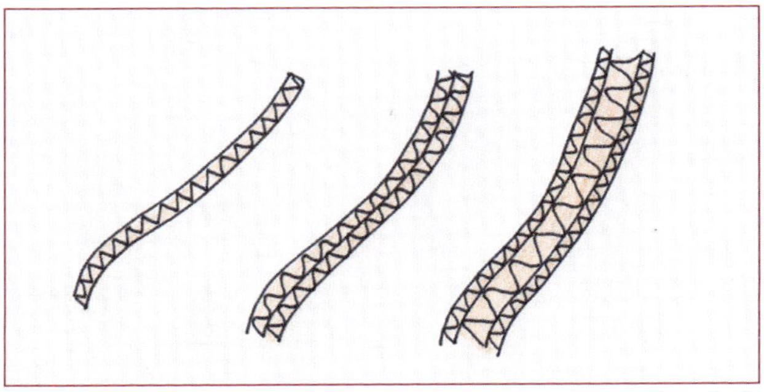
Croquis 1

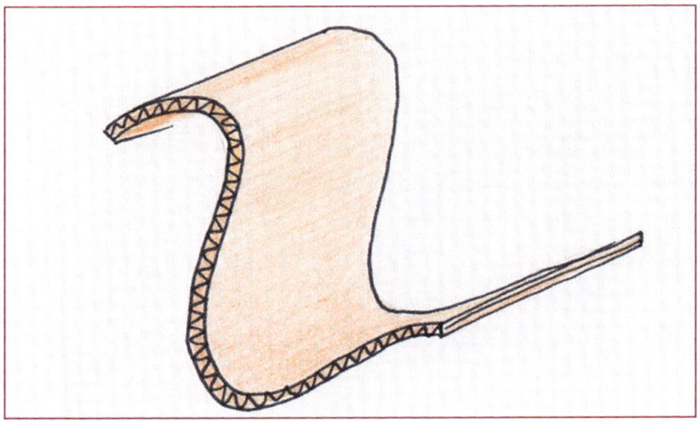
Croquis 2

Les différents papiers

Quand le meuble est terminé, il reste la décoration ou l'habillage.

• Vous pouvez choisir un joli papier à fibres ou du papier à la cuve imprimé (le chevet en papier marbré, page 26), souvent utilisé en reliure ou en encadrement. Ne choisissez pas un papier trop fin qui risque de former des plis lors de l'encollage. Humidifiez l'envers du papier avant de le gainer.

• Le skivertex est un papier qui imite le cuir (le fauteuil page 72). Il est facile à poser, car un peu épais, et il ne se déforme pas. Il existe une grande variété de couleurs et de grains différents. Ces papiers se vendent à la feuille.
Ces types de papier nécessitent un gainage, c'est-à-dire que chaque face du meuble est habillée avec une feuille du papier choisi.

• Le kraft brun ou blanc s'achète en rouleau de 10 mètres (et plus). Dans le cas de la table basse (page 60), le kraft brun est déchiré à la main en morceaux de taille moyenne (+ ou – 5 x 10 cm) que l'on colle dans tous les sens en les faisant se chevaucher (les bords déchirés s'effilochent un peu et font de plus jolies finitions que coupés aux ciseaux). Ces petits morceaux de papier sont collés avec de la colle à papier peint neutre, c'est-à-dire sans aucune couleur. Quand on utilise une colle colorée avec le kraft brun, on obtient des tons vieillis et passés qui donnent un « charme de l'ancien ».

• Le kraft blanchi utilisé pour la commode « de style » (page 68) est déchiré de la même façon en petits morceaux, mais la colle est teintée avec des pigments (ici en poudre). Le papier étant assez épais, les quelques plis marqués donnent de la matière et ne gênent pas l'esthétique.

• Le papier kraft (brun ou blanc) est assez facile à poser. Comme il est épais, il ne se déchire pas lors de la pose. Une seule couche de papier suffit.

• Le papier de soie se trouve en grosse liasse dans les magasins de fournitures pour les boutiques. Prenez-le blanc et mettez de la couleur dans la colle (voir « Kraft blanchi » ci-dessus). Ce papier permet de supprimer les démarcations du ruban de kraft gommé et rend la surface plus uniforme. Sur cette peinture, vous pouvez bien sûr faire une décoration au pochoir, faire du collage de serviettes (voir la niche de la commode à 5 tiroirs, page 46) ou encore alterner différentes techniques.

Le papier de soie qui est coloré risque de dégorger avec la colle et de faire des traces blanchâtres. Comme pour le kraft, déchirez des petits morceaux plus ou moins gros suivant la taille de l'objet à recouvrir. Ce papier de soie étant fin, il est plus délicat à poser, car il a tendance à se déchirer. Quand on le colle, il ne faut pas trop le lisser au risque de le voir se déchirer ! C'est un coup qui est facile à prendre en faisant un essai sur une épluchure avant de se lancer. Comme il est assez fin, il faut poser successivement quatre ou cinq épaisseurs de papier pour bien masquer le fond en carton. Trois couches sont suffisantes si la couleur est assez dense et foncée.

Pour intensifier la couleur, vous pouvez redonner une couche de couleur (colle + pigment) sur tout le meuble, comme une peinture.
Quand vous crantez ce papier de soie dans les arrondis, coupez d'un coup sec pour que le papier ne se déchire pas, et nettoyez souvent les ciseaux pour en ôter la colle. Si vous souhaitez utiliser de la peinture (voir les lettres ou les plateaux, la colonne ou la console, p. 10, 18, 38, 52), il faut d'abord recouvrir d'une couche de papier de soie avec la colle neutre.

• Papier journal, partitions, vieux livres, etc., peuvent aussi être utilisés pour habiller ces meubles et ce, en utilisant la colle neutre ou en la teintant. À vous de faire des essais et lancez-vous. Quand ce papier sera bien sec, alors vous passerez le vitrificateur.

Dans quelque temps, si vous souhaitez changer l'ambiance et modifier la couleur, il suffira d'utiliser une peinture acrylique courante et d'en passer 2 couches. Terminez enfin avec le vitrificateur.

PS : Si vous choisissiez du tissu, préférez un tissage serré pour empêcher le passage de la colle, et réservez-le pour une niche ou pour habiller l'intérieur d'un tiroir. Vous ne pourrez pas le vernir, il sera donc plus salissant que le reste du meuble.

Les vide-poches et les plateaux

Pour vous familiariser avec le carton et ses possibilités, je vous propose de commencer par un plateau ou un vide-poches, qui sont de formes simples.

Fournitures

- Du carton double cannelure
- Une plaque de découpe
- Un gros cutter
- Du ruban de kraft gommé
- Une éponge humide
- De la colle repositionnable en bombe
- Des ciseaux, une râpe à bois
- Une règle, un crayon, une gomme
- Un pistolet à colle et un bâton de colle
- Du papier à dessin blanc

Pour l'habillage

- De la colle à papier peint
- Un pinceau
- Du papier de soie
- De la peinture acrylique Déco
- Des serviettes et de la colle, des pochoirs, etc.
- Du vitrificateur aquaréthane

Réalisation

• Prenez un morceau de carton à double cannelure sur lequel vous allez dessiner une forme simple (cœur, goutte, œuf, etc.). Ne cherchez pas à faire une forme très symétrique. Si elle est un peu « envolée », elle paraîtra plus originale et artisanale. Vous pouvez bien sûr agrandir les motifs proposés pages 14, 16 et 17 en respectant ou pas l'échelle. Pour découper le cœur, par exemple, un gros cutter est suffisant.

• Travaillez par petites sections en repassant plusieurs fois sur le trait. Une seule épaisseur de carton suffit.

• Coupez ensuite, toujours dans le carton, 2 bandes de 3 cm de large, cannelures perpendiculaires au bord, pour que la bande puisse rouler (croquis 1).

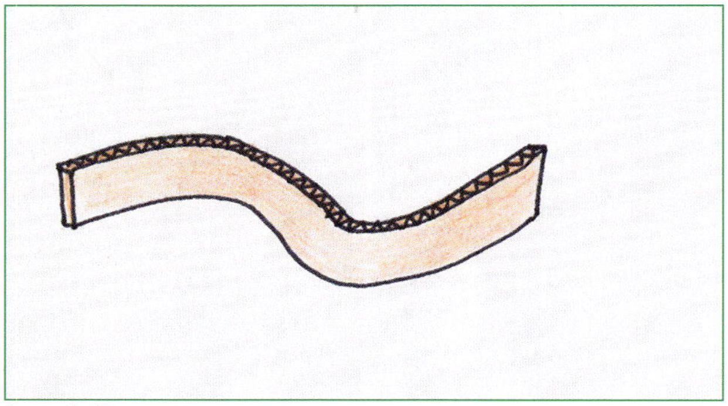

Croquis 1

• En commençant par le milieu du cœur (ou par un angle fermé), formez la bande en l'appliquant autour du plateau.

• Avec le pistolet, encollez la base de la bande qui viendra se poser sur la tranche du cœur. Exercez une forte pression sur la bande quelques instants.

• À l'aide du cutter, positionnez-vous dans l'axe du côté qui n'est pas encore habillé et coupez l'excédent du carton (croquis 2).

Croquis 2

• Formez puis collez la bande sur l'autre côté, en procédant de la même façon : vous commencez par le milieu du cœur, en croisant les bandes pour que l'angle soit précis (croquis 3). Coupez enfin dans la pointe, le long du côté fini en premier.

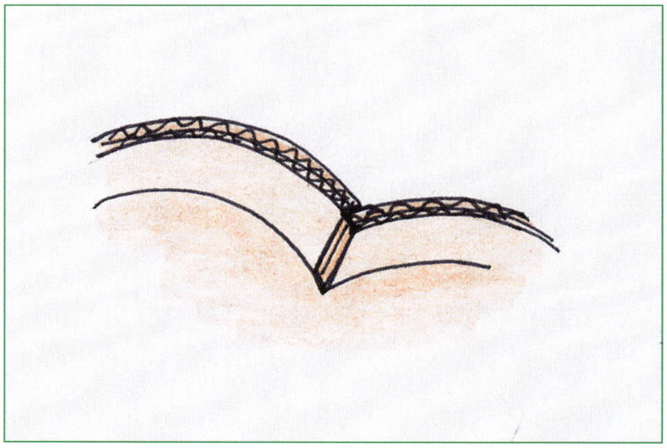

Croquis 3

• Avec le kraft gommé, habillez tous les angles et toutes les arêtes intérieures et extérieures du plateau (croquis 4).

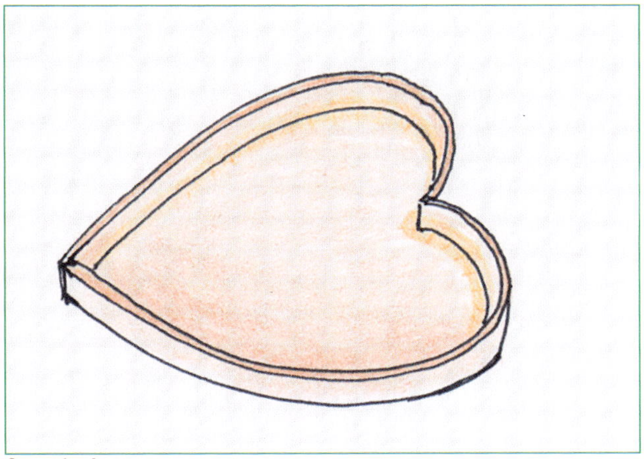

Croquis 4

• Pensez à bien cranter dans les arrondis pour éviter les plis. Plus le rond est marqué, plus les crans doivent être rapprochés (croquis 5 et 6).

Croquis 5

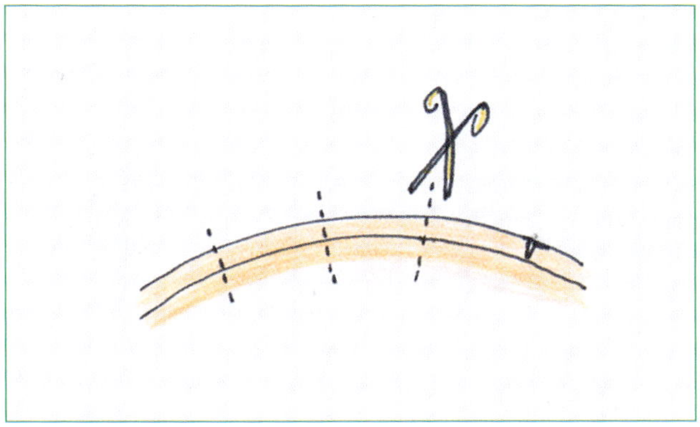

Croquis 6

• Une fois posé le kraft gommé, il reste la déco : Pour bien unifier la surface à peindre, collez partout une couche de papier de soie en vous référant à la technique de pose page 9. Laissez bien sécher avant de procéder à la peinture.

• Sur ce même principe sont réalisés l'étoile, la goutte ou le petit pot à plante. Reproduisez le dessin (ou dessinez celui de votre choix), et, après avoir coupé les bandes de tour, collez-les, etc. Bien sûr, plus il y a de découpes (l'étoile) plus le modèle est long à réaliser. La goutte sera donc très rapide à faire.

• Tous les choix de couleurs sont possibles (inspirez-vous de la photo) ainsi que l'utilisation de techniques diverses comme le dessin au pochoir, le collage de serviettes, de décalcomanies, de chromos, de dessins, etc.

Les vide-poches
(suite)

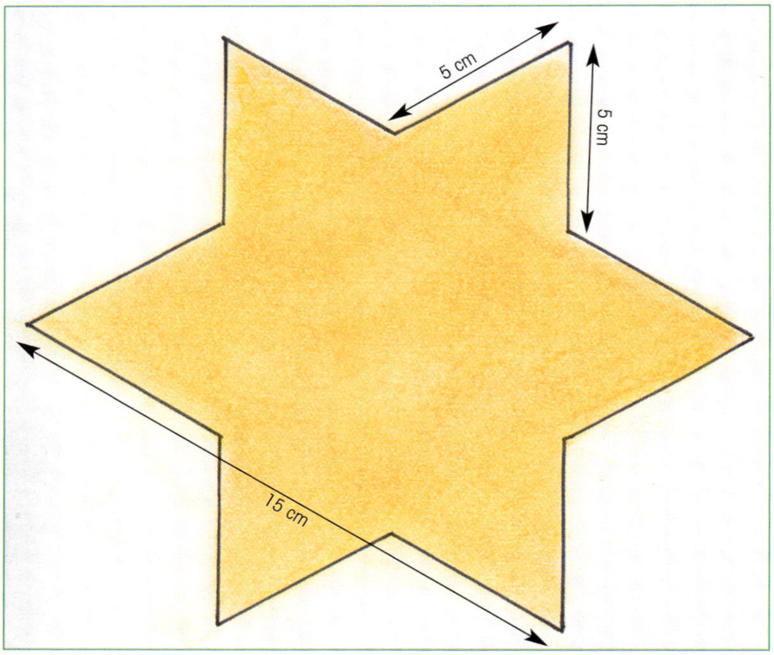

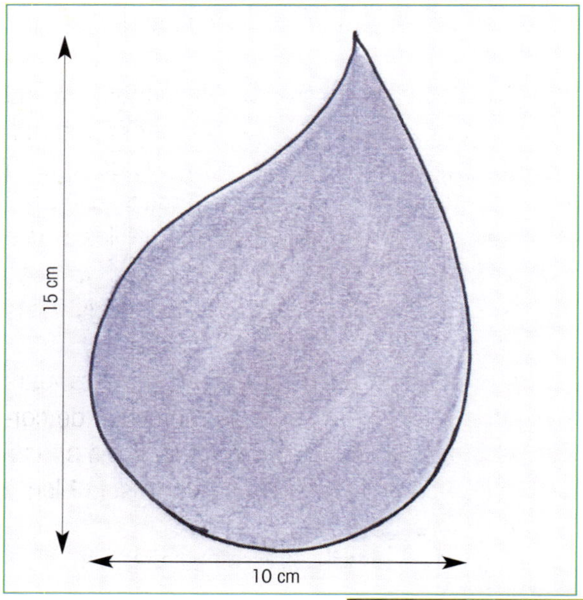

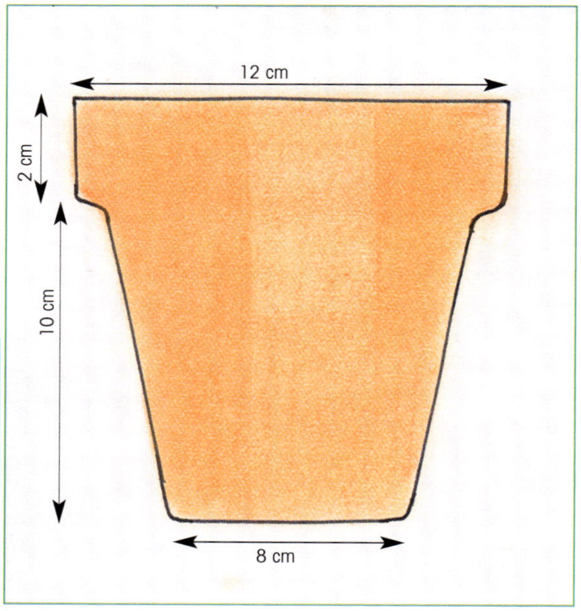

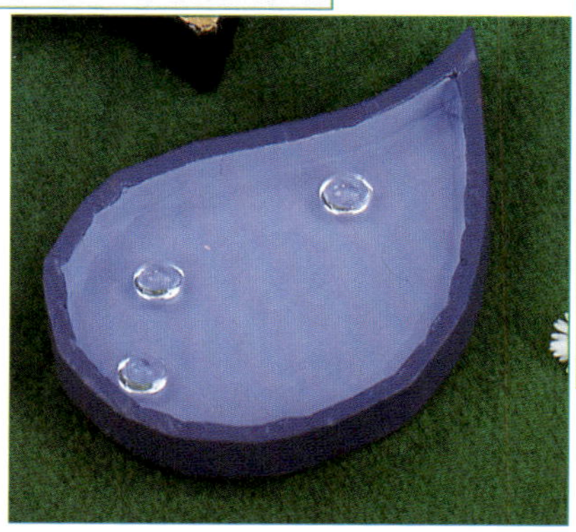

Les plateaux

(en forme de pique ou trèfle ou cœur)

• Sur un papier blanc, reproduisez le motif choisi à l'échelle souhaitée. Pour la taille indiquée ici, une seule épaisseur de carton double cannelure suffit (préférez la face lisse du carton).

• Avec la colle en bombe, appliquez ce dessin sur le carton et découpez soigneusement au cutter sur le contour en procédant par petites sections et en repassant plusieurs fois sur le trait. Il est possible de peaufiner une coupe à l'aide d'une râpe à bois.

• Pour l'équilibre du plateau, les bords du pourtour sont un peu plus épais ; ils sont réalisés avec 2 bandes (cannelures perpendiculaires) de 4,5 cm de large, collées l'une après l'autre. Vous pouvez ainsi ajouter une 3e bande – veuillez cependant à ne pas trop alourdir le résultat final.

• Il faut d'abord coller au pistolet une bande tout autour du plateau (voir les vide-poches pages précédentes) et coller ensuite la 2e bande sur la 1re en essayant au maximum de croiser les coupes (croquis 1).

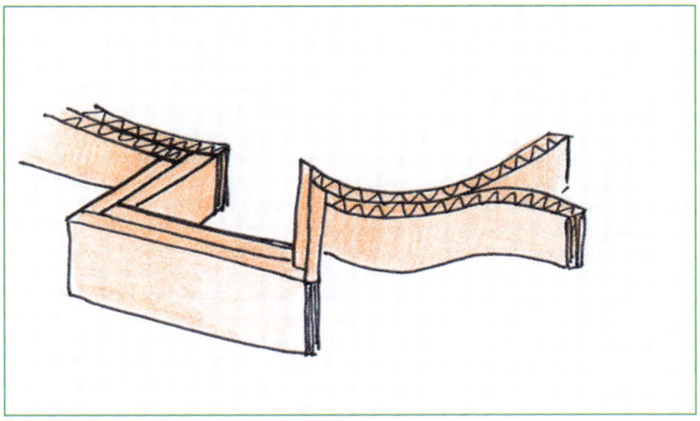

Croquis 1

• Ne coupez pas les bandes avant de les coller ; coupez-les au fur et à mesure pour être plus sûr de la précision, les angles seront ainsi plus nets. Pour un plateau de plus grande taille, on peut rallonger une bande : pour bien réussir, les deux coupes qui sont jointes et collées doivent être bien nettes. Décalez le raccord pour la 2e bande.

• Après avoir collé, tout autour, la 2e bande, habillez les arêtes puis tous les angles intérieurs et extérieurs avec le ruban de kraft gommé (crantez dans les arrondis). Le plateau est maintenant prêt à être recouvert de papier de soie avant la déco finale.

• Si vous décidez d'agrandir ces modèles ou d'autres, il faudra utiliser deux épaisseurs de carton en croisant les cannelures pour plus de solidité. Il faudra coller au pistolet ces deux plaques et mettre quelques morceaux de kraft gommé sur les bords pour faire une découpe plus nette, sans que ça bouge ; dans ce cas vous pouvez bien sûr utiliser la scie sauteuse.

Si vous n'avez jamais utilisé cet outil, faites toujours un essai : assemblez deux ou trois morceaux de carton avec du kraft gommé, dessinez une forme simple et lancez-vous en gardant le sabot de la scie bien à plat sur le carton.

Quand vous vous sentez à l'aise, lancez-vous !

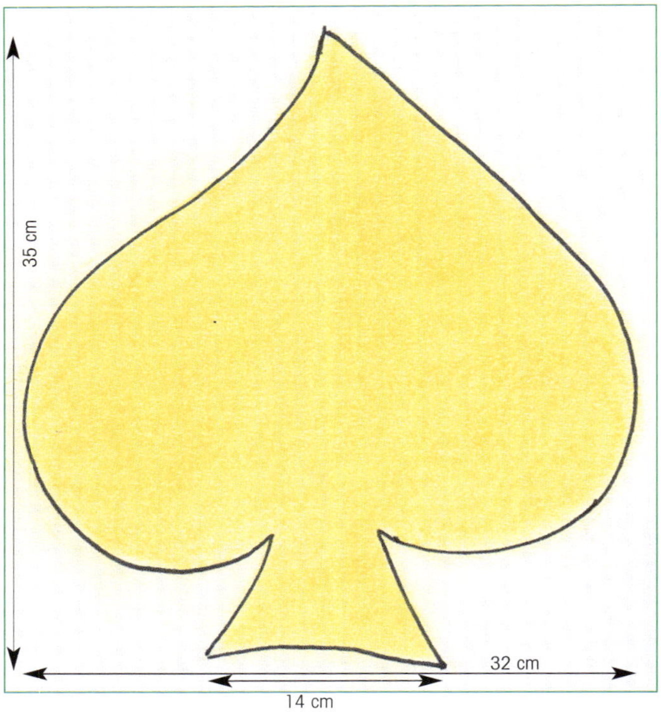

Agrandissez les gabarits à la taille désirée

Les plateaux

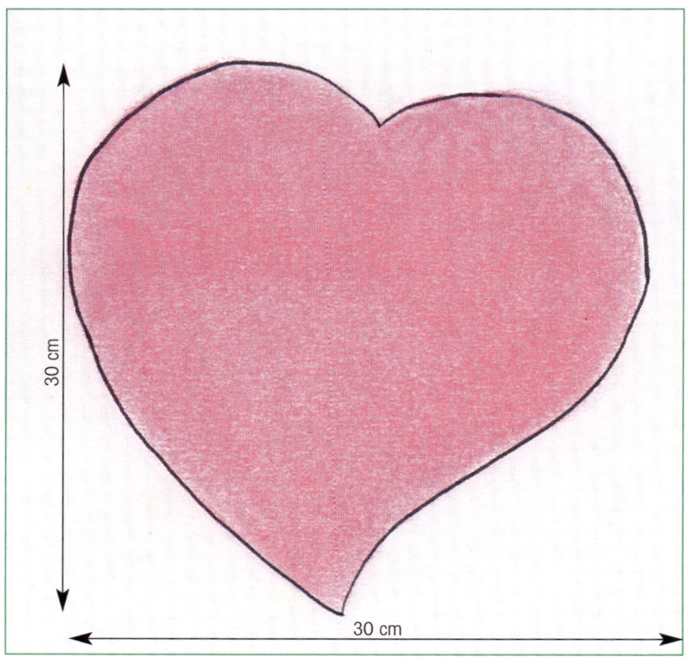

36 cm
16 cm
17 cm
13 cm
14 cm

Les chiffres et les lettres

Suivant la couleur et le type de finitions, ces chiffres pourront être à la fois déco et apprentissage pour des petits enfants.
Quant aux lettres, elles ont été traitées ici en serre-livres, mais bien sûr, tous les alphabets ou caractères sont envisageables en décoration pure. Fouillez dans les abécédaires des broderies – une vraie mine!

Les chiffres

Fournitures

- Du carton double cannelure
- Une plaque de découpe
- Un gros cutter
- Du ruban de kraft gommé
- Une éponge humide
- De la colle repositionnable en bombe
- Des ciseaux, une râpe à bois
- Une règle, un crayon, une gomme
- Un pistolet à colle et un bâton de colle
- Du papier à dessin blanc

Pour l'habillage

- De la colle à papier peint
- Un pinceau
- Du papier de soie
- De la peinture acrylique Déco
- Du vitrificateur aquaréthane

Réalisation

• Sur un papier blanc, agrandissez le modèle choisi. Pensez qu'une base arrondie (chiffre 3) aura plus de mal à tenir debout si vous ne prévoyez pas une petite partie plane à sa base (voir patron, page 25).

• Découpez puis assemblez 2 épaisseurs de carton à double cannelure, un peu plus grandes que le motif choisi. Réservez bien les faces lisses apparentes.

• À l'aide de la colle repositionnable, appliquez la feuille blanche sur les 2 épaisseurs de carton.

• Découpez au cutter sur le pourtour du motif en vous aidant d'une règle pour les lignes droites. Procédez par petites sections et en repassant plusieurs fois dès que les lignes sont courbes.

• Quand un côté est découpé, remettez 2 petits morceaux de kraft gommé pour que tout reste bien maintenu et terminez la coupe.

• Dans le carton, découpez des bandes de 3 cm de large perpendiculairement à la cannelure (vous les recouperez au fur et à mesure). Pour les lignes droites (chiffres 1 et 4), utilisez la bande telle quelle. Pour les formes arrondies, préformez-la en la roulant avec les doigts (croquis 1).

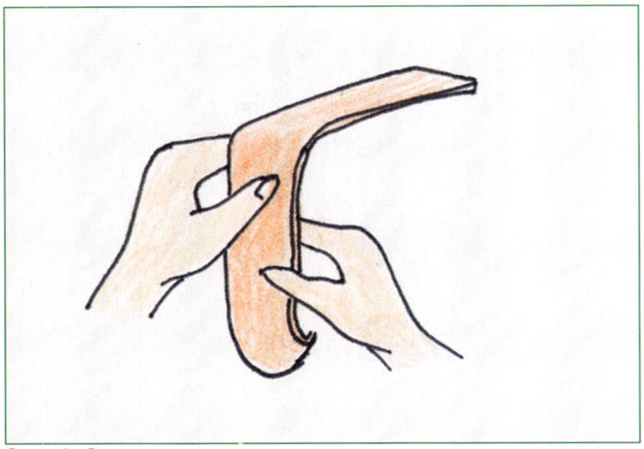

Croquis 1

• Posez sur votre plan de travail une des faces en carton découpé (face lisse contre la table).

• Encollez à l'aide du pistolet la tranche de la bande et appliquez-la au ras du bord en démarrant bien dans un angle (vous êtes à l'intérieur du chiffre) ; c'est-à-dire que la taille du chiffre découpé est la même que le chiffre terminé.

• Recoupez le surplus de carton dans l'axe de la bande suivante, et ainsi de suite (croquis 2).

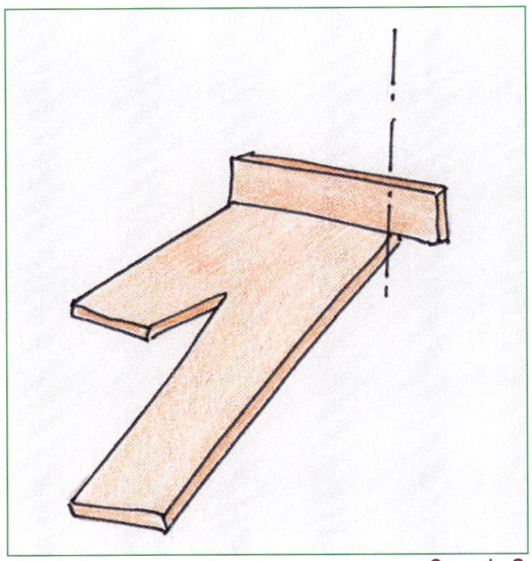

Croquis 2

• Habillez de la sorte tout le tour du chiffre en croisant les coupes (croquis 3).

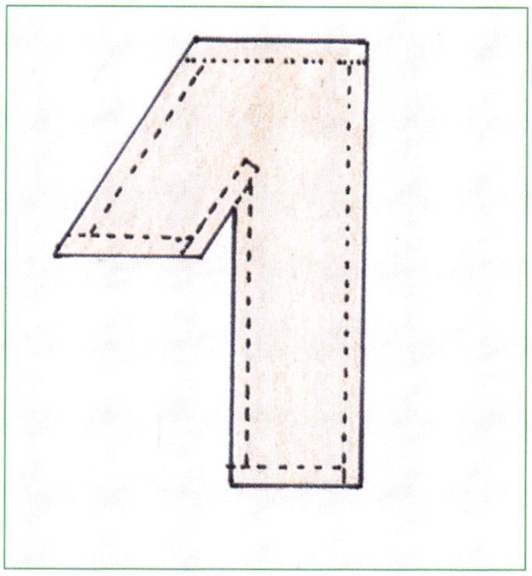

Croquis 3

• Quand le tour est achevé, coupez des petits morceaux de carton que vous allez coller verticalement dans l'espace vide et dans tous les sens pour maintenir le « couvercle ». Encollez juste un peu leur tranche pour les maintenir en place (croquis 4).

Croquis 4

• Veillez à ce qu'il y en ait au moins un dans chaque angle et d'un côté à l'autre.

• Essayez, avant de la coller, de placer la seconde face du chiffre sur cette « boîte » et vérifiez que tout le tour s'ajoute bien. Encollez rapidement quelques tranches des cartons intermédiaires, puis les tours, et appliquez le « couvercle » du chiffre.

• Il vous reste à habiller chaque angle et chaque arête avec le kraft gommé.

• Les chiffres photographiés ont été peints directement sur le kraft sans passer par l'étape du papier de soie.

• Pour la décoration, utilisez de la peinture acrylique Déco Matt ou Déco Gloss (brillante) de Lefranc & Bourgeois.

Les lettres

Fournitures

- Du carton double cannelure
- Une plaque de découpe
- Un gros cutter
- Du ruban de kraft gommé
- Une éponge humide
- De la colle repositionnable en bombe
- Des ciseaux, une râpe à bois
- Une règle, un crayon, une gomme
- Un pistolet à colle et un bâton de colle
- Du plâtre et quelques cailloux
- Du papier à dessin blanc

Pour l'habillage

- De la colle à papier peint
- Un pinceau
- Du papier de soie
- De la peinture acrylique Déco
- Serviettes et colle, pochoir, etc.
- Du vitrificateur aquaréthane

Réalisation

Vous utiliserez aussi du carton double cannelure. Le principe est sensiblement le même que pour les chiffres.

• Reproduisez sur papier le dessin de la page 24 à l'échelle souhaitée. Si vous réalisez (comme ici) des serre-livres, respectez cette échelle. Vous êtes dans du carton, donc léger et trop petit, la fonction de maintien serait plus aléatoire. Vous dessinerez les autres lettres selon votre inspiration.

• Collez votre dessin sur 2 plaques de carton, maintenues entre elles par du kraft gommé (les plaques sont un peu plus grandes que le motif choisi).

• Découpez bien au cutter le pourtour de chaque lettre. Aidez-vous de la règle pour les lignes droites et procédez par petites sections en repassant sur les parties rondes.

• Dans le carton, découpez des bandes de 8 cm de large perpendiculairement aux cannelures.

Cette fois-ci, les bandes sont collées sur le tour de la lettre (comme pour les vide-poches et les plateaux page 10).

• Croisez bien les coupes dans les angles pour plus de solidité (croquis 5).

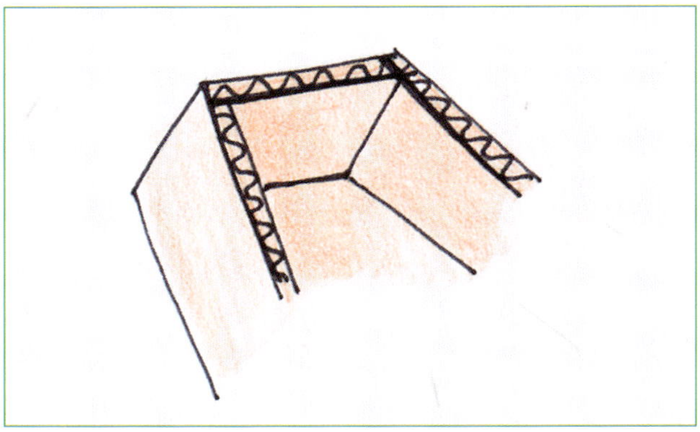

Croquis 5

• Quand tout le tour est habillé, découpez des bandes (perpendiculairement aux cannelures), d'une de largeur : hauteur de la bande du tour - 2 x l'épaisseur du carton, soit ici 8 cm - (2 x 0,7 cm) = 6,6 cm (croquis 6).

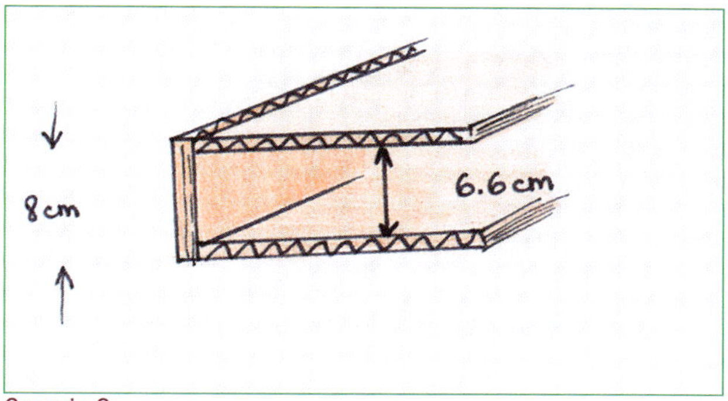

Croquis 6

• Ces bandes sont destinées à être collées à l'intérieur. Collez d'abord une bande au-dessus des « pieds » du A, puis les autres dans la partie supérieure en les croisant, et cela d'un bord à l'autre (croquis 7).

Croquis 7

• Avec le kraft gommé, habillez grossièrement l'intérieur des pieds pour fermer les angles.

• Préparez du plâtre pas trop liquide et bloquez quelques cailloux avec ce plâtre dans la partie basse des « pieds », ce qui aura pour but d'alourdir la lettre et de lui donner plus de stabilité (croquis 8).

• Ne cherchez pas à remplir entièrement cet espace. Laissez prendre le plâtre avant de continuer. Si, au lieu de ce plâtre aux cailloux, vous décidez de mettre des cailloux tout seuls ou même du sable, vous fragilisez l'intérieur. Des cailloux ou du sable non stabilisés risquent d'endommager la structure en carton.

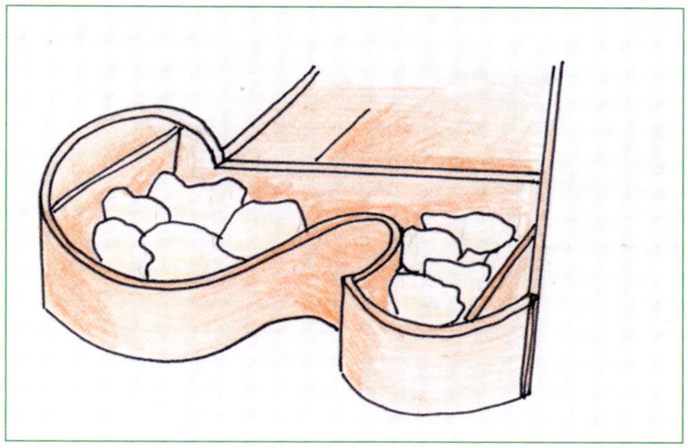

Croquis 8

• Essayez, avant de le coller, de placer le dessus de la lettre qui doit « rentrer » à l'intérieur de la bande du tour. Si cela s'ajuste mal, aidez-vous d'un tournevis ou d'une lame de couteau, pour élargir doucement la bande du tour.

• Maintenez ce dessus avec de la colle au pistolet.

• Il suffit maintenant d'habiller chaque arête et chacun des angles avec le kraft gommé.

• Avant de peindre, posez une couche de papier de soie collé avec de la colle à papier peint.
Si vous décidez de gainer ces lettres, faites-le directement, sans passer par le papier de soie.

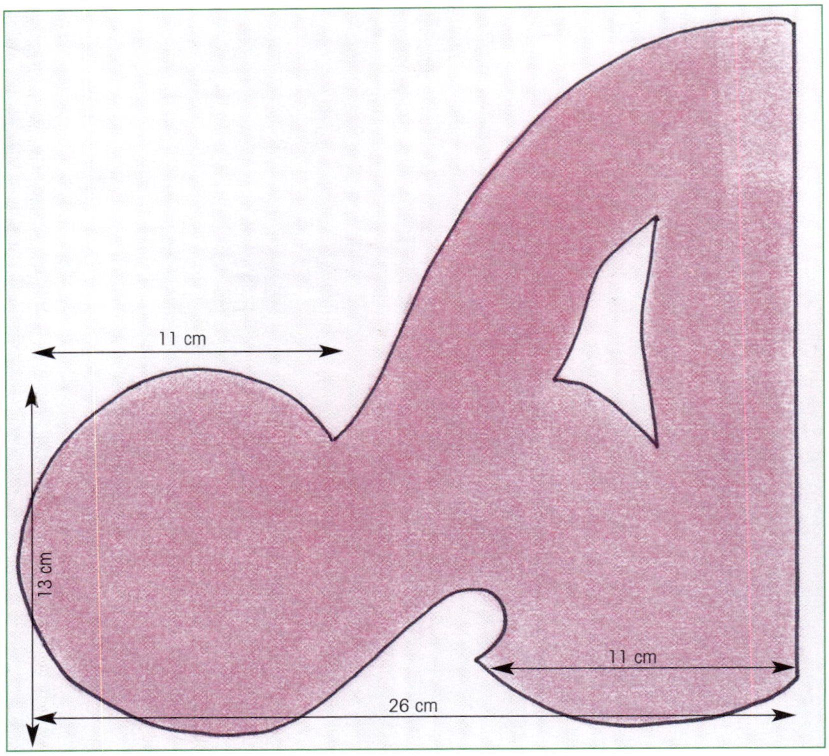
11 cm
13 cm
11 cm
26 cm

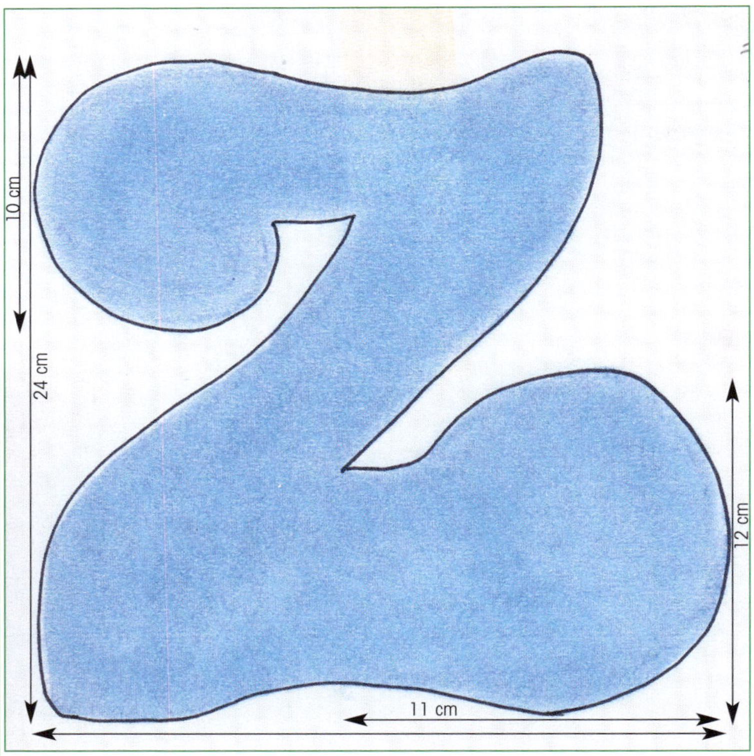
10 cm
24 cm
12 cm
11 cm

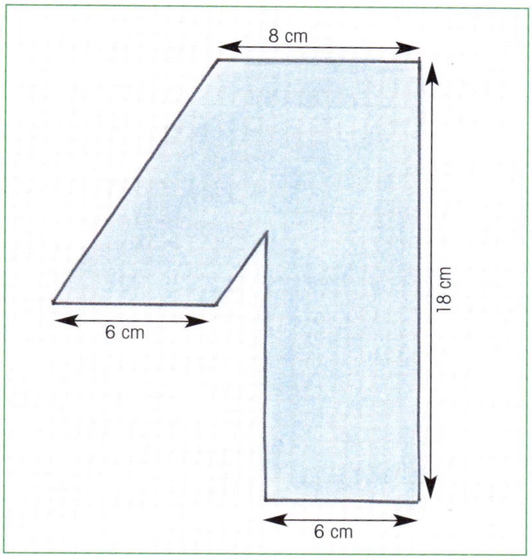
8 cm
18 cm
6 cm
6 cm

13 cm
7 cm
4,5 cm
5 cm
15 cm

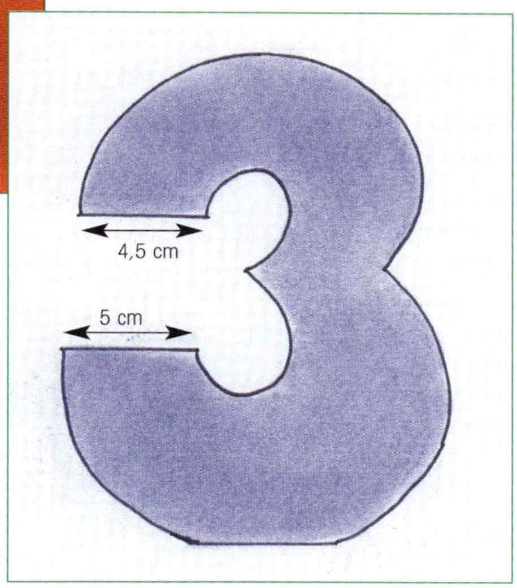
4,5 cm
5 cm

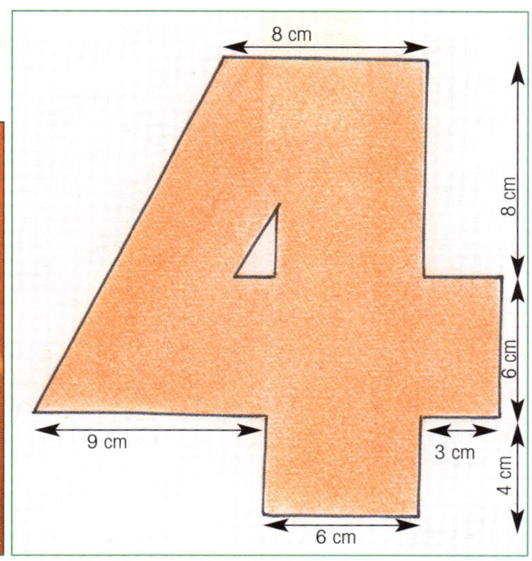
8 cm
8 cm
6 cm
9 cm
3 cm
4 cm
6 cm

Le chevet
Étape par étape

Fournitures

- Du papier à dessin blanc (ou du kraft par exemple pour reproduire le dessin du meuble)
- Du carton à double cannelures
- De la colle en bombe repositionnable
- Du papier déco de deux couleurs différentes (ici papier marbré)
- Un bouton de commode et sa vis
- De la colle vinylique pour le papier marbré
- Un grand bol en plastique pour faire les mélanges
- Du vitrificateur aquaréthane
- Du papier kraft gommé (largeur: 3,6 mm)

Outils

- Une scie sauteuse
- Un pistolet à colle (et des bâtons de colle)
- Un cutter, une paire de ciseaux, un tapis de coupe
- Une équerre longue et métallique
- Un mètre ruban, un rouleau en carton
- Une vrille
- Des pinceaux-brosses
- Quatre patins de feutre

Réalisation

• Sur du papier à dessin (ou kraft) blanc, agrandissez le croquis de la page 37 à la taille souhaitée. Pour un meuble de chambre d'enfant, agrandissez moins (hauteur, largeur).

Photo a

• Prenez 3 morceaux de carton de même taille et un peu plus grand que le dessin du meuble (photo a). Numérotez-les : 1, 2, 3. Pour la face et le fond, utilisez la face la plus lisse du carton.

• Assemblez ces trois plaques avec quelques morceaux de kraft gommé sur les quatre côtés pour bien les maintenir en place.

• Collez dessus, à l'aide de la colle repositionnable, le dessin du meuble.

• À l'aide de la scie sauteuse, découpez un côté du meuble.

• Remettez quelques morceaux de kraft gommé avant de continuer la coupe.

• Coupez ainsi les trois autres côtés.

• Lors du découpage, quand on arrive à un angle avec la scie sauteuse, il suffit de tourner rapidement la scie et de continuer la coupe (on ne risque pas de casser la lame).

Pour la découpe de la niche du cœur et de celle du tiroir

• À l'aide du cutter, la lame bien sortie, traversez délicatement les trois épaisseurs du carton, en un point du cœur.

• Enfilez la lame de la scie dans cette fente et découpez tout le tour du cœur

• Il faut maintenant décoller la plaque 3, celle du fond, avant de découper l'emplacement du tiroir dans les deux autres.

• Remettez quelques morceaux de kraft gommé pour maintenir les deux épaisseurs de carton (1 et 2).

• Pour toutes ces manipulations de découpe, agissez avec douceur car, à ce stade, le carton est encore un peu fragile, il risque de se plier.

• Au cutter, amorcez les découpes droites (haut et bas du tiroir) et, en un point du pourtour enfoncez la lame pour traverser les deux épaisseurs.

• Enfilez la lame du cutter et découpez tout autour, avec soin, car ce sera la façade du tiroir.

• Assemblez tout de suite ces deux morceaux du tiroir avec du kraft gommé.

• Votre meuble est découpé ; chaque morceau est numéroté et possède maintenant un sens à respecter (photo b).

Photo b

• Sur la plaque du milieu (n° 2), vous allez tracer les emplacements des traverses qui sont en principe (presque) toujours perpendiculaires au sol (croquis 1).

Croquis 1

• L'espace entre 2 traverses est de 10 cm minimum, à 18 cm maximum suivant la fonction du meuble. Un meuble pour ordinateur ou pour télévision nécessite plus de résistance qu'un chevet.

• Suivez le croquis 1 pour l'emplacement des traverses.

• Mesurez précisément chaque trait et son milieu et inscrivez ces 2 mesures sur la plaque.

• Chaque trait correspond à l'emplacement d'une traverse.

Les traverses

• Vous allez maintenant couper les traverses.

• La longueur des traverses va donner la profondeur du meuble (attention à respecter un équilibre harmonieux entre la taille du meuble et sa profondeur). Ici les traverses mesurent 22 cm pour la plus large et 17 cm pour la plus étroite.

• Dans le carton, coupez une bande (longue) de 22 cm de large, les cannelures étant dans le sens de la longueur (croquis 2).

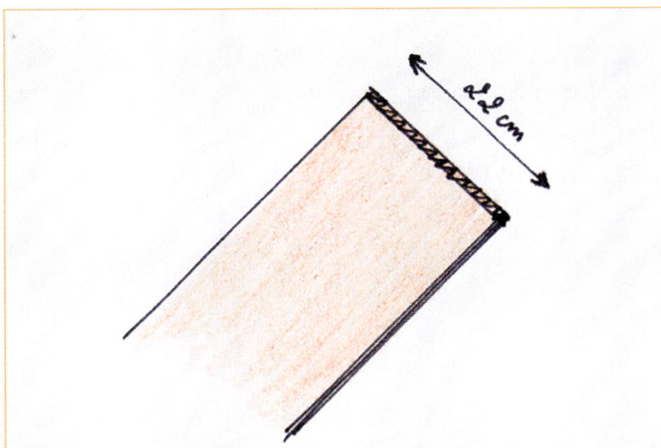

Croquis 2

• Tracez tout du long le milieu (11 cm) et de part et d'autre deux lignes dont l'écart est égal à 7 mm (épaisseur du carton) (croquis 3).

• Découpez dans la bande chacune des traverses, et délimitez-en le milieu.

• Chaque traverse est évidée jusqu'à sa moitié et sur 7 mm.

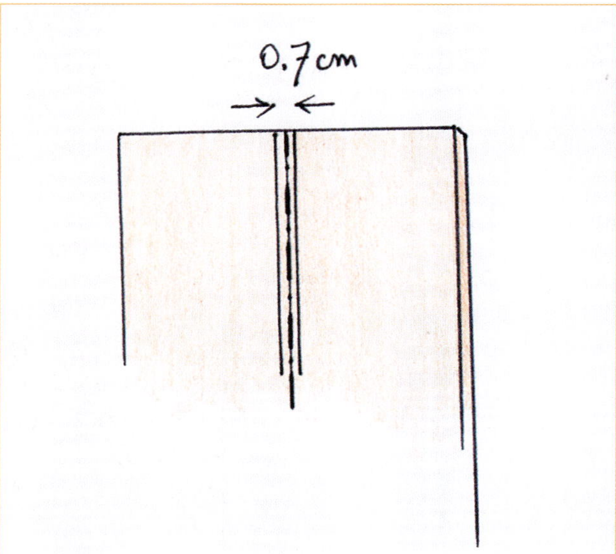

Croquis 3

• Procédez de la même manière pour la plaque du milieu (2), évidez la moitié de chaque emplacement de traverse sur 7 mm de large.

• Placez les traverses sur la plaque 2 en les insérant dans les encoches, à mi-carton.

L'équerrage

• Posez à plat sur la table la plaque de fond 3, au dessus la plaque 2, puis ses traverses, et enfin la face 1 (photo c).

Photo c

• À l'aide de l'équerre, faites le tour du petit meuble pour que les trois plaques soient parfaitement alignées. Au besoin, calez le dessus avec quelques livres – pas trop lourds, par exemple des bandes dessinées.

• Avec le kraft gommé, collez les traverses dans chaque angle, puis de part et d'autre, en faisant attention de ne pas faire bouger l'équerrage (croquis 4).

• Laissez bien sécher.

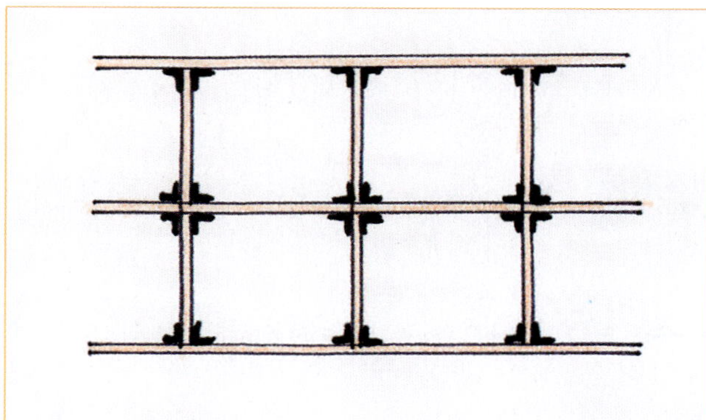

Croquis 4

L'habillage intérieur des niches

Le plancher du tiroir :

• Mesurez l'intérieur, largeur et longueur, de façon à voir la cannelure en façade, pour que les angles soient plus nets. Sur la longueur, laissez 1 cm de plus.

• De la même manière, tracez le plafond de la niche.

Pour les côtés :

• Mesurez à l'aide d'un mètre ruban. Coupez chaque bande (1 cm plus longue). Donnez-leur une forme en les faisant rouler sur un tube en carton.

• Marquez les deux côtés, gauche et droit, qui ne sont pas forcément identiques.

• Recoupez chacun des quatre cartons à la bonne longueur, en traçant tout le tour au crayon, le long de la face (croquis 5).

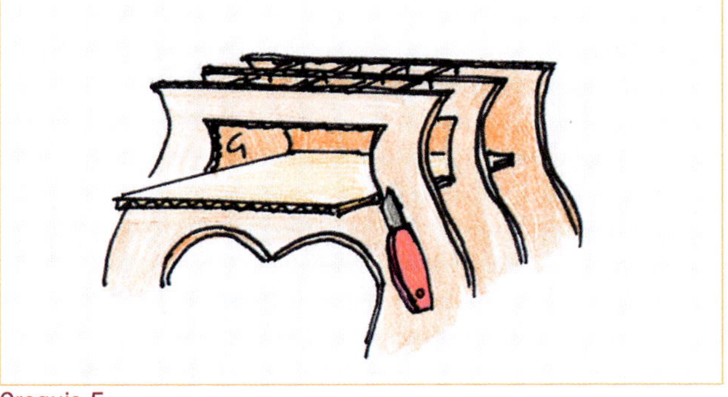

Croquis 5

• Enlevez-les pour les coller. Pour coller cet intérieur, commencez par le plancher.

• Avec le pistolet à colle, encollez la tranche du fond, insérez le plancher et maintenez quelques secondes pour que la colle prenne.

• Soulevez légèrement le devant, encollez et plaquez bien en pressant quelques secondes.

• Reproduisez ces deux opérations pour chacun des morceaux de la niche du tiroir.

Pour l'intérieur du cœur, même procédé :

• Mesurez à l'aide du mètre ruban l'intérieur du cœur sur la profondeur entière du meuble et ajoutez 2 cm environ. Il vaut mieux couper aussi plus long, préformer à l'aide du rouleau de carton, mettre en place et noter la longueur précise de coupe.

• Recoupez.

• Faites l'autre côté.

• Pour coller, commencez par la pointe, encollez les trois tranches sur 10 cm environ et appliquez le côté ; laissez prendre. Terminez en ne collant que les tranches de face et de fond (croquis 6).

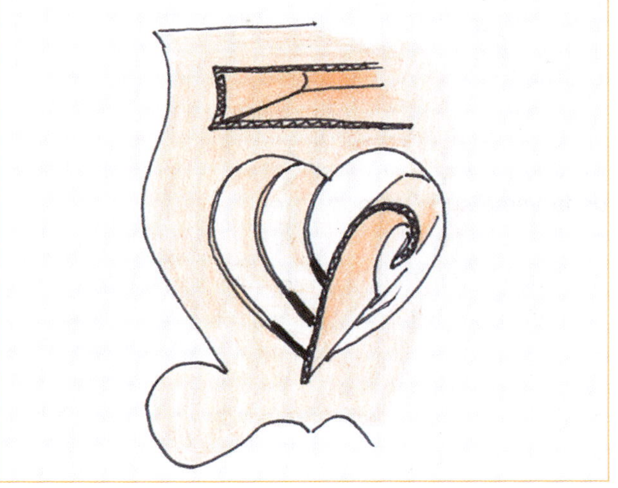

Croquis 6

• Recoupez de part et d'autre au ras de chaque plaque. Il faut bien sortir la lame du cutter et la faire glisser très à plat le long de la face (photo d).

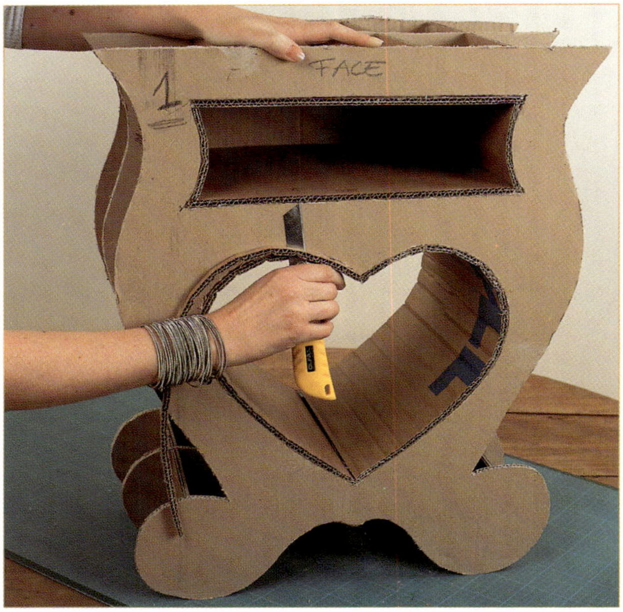

Photo d

L'habillage extérieur du meuble

• On commence par un pied : mesurez un côté jusqu'au milieu sur la profondeur totale et ajou-tez 2 cm.

• Augmentez un peu la longueur et coupez en respectant toujours le sens des cannelures. Positionnez et marquez le point de coupe précis. Encollez les trois tranches à l'intérieur du rond sur 10 cm environ et appliquez le tour en le centrant (croquis 7).

Croquis 7

• Terminez en collant petit à petit les tranches face et fond.

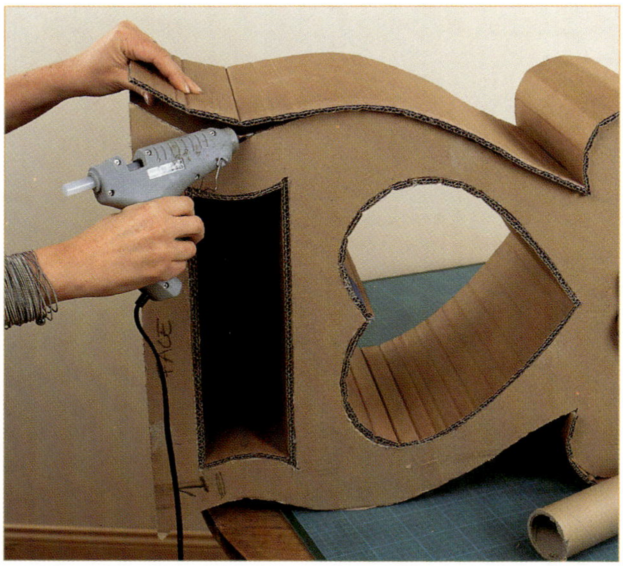

Photo e

• Habillez le second côté du pied en procédant de la même façon.

Pour l'habillage des côtés :
Sur le même principe, coupez le carton un peu plus long et plus large et préformez-le avant de le coller.

• Commencez au niveau du pied. Couchez le meuble sur un côté en faisant attention de ne pas casser le rebord du côté opposé, il faut donc se mettre sur le bord de la table en laissant le rebord dans le vide (photo e, page précédente).

Photo f

• Redécoupez ce qui dépasse de chaque côté en reprenant l'explication de l'habillage intérieur (photo d, page précédente).

Pour le dessus :
• Superposez et collez ensemble deux épaisseurs de carton un peu plus grande que le dessus (face lisse visible).

• Liez avec quelques morceaux de kraft gommé.

• Posez le meuble renversé sur cet assemblage et tracez tout le tour en marquant le devant.

• Ajoutez 1 cm sur trois côtés (sauf le dos) et coupez (photo f).

• Redressez le meuble. Encollez la tranche de la plaque du milieu et posez le dessus, qui déborde sur le devant et chacun des côtés.

• Le meuble est prêt à être terminé avec le kraft gommé ; toutes les arêtes sont habillées, intérieur et extérieur. Pour les parties arrondies, il faut cranter avec les ciseaux sur la moitié de la largeur.

• En soulevant à peine, collez de chaque côté les tranches de face et de fond.

Le tiroir

Il reste à réaliser le tiroir. Mesurez l'intérieur de la niche du tiroir et coupez un carton ayant 1 cm de moins (sur la largeur et la longueur), cannelure visible.

• Sur le verso de la face du tiroir, tracez au bas un trait à 5 mm du bord.

• Encollez la tranche du plancher du tiroir et appliquez-la au-dessus du trait (croquis 8).

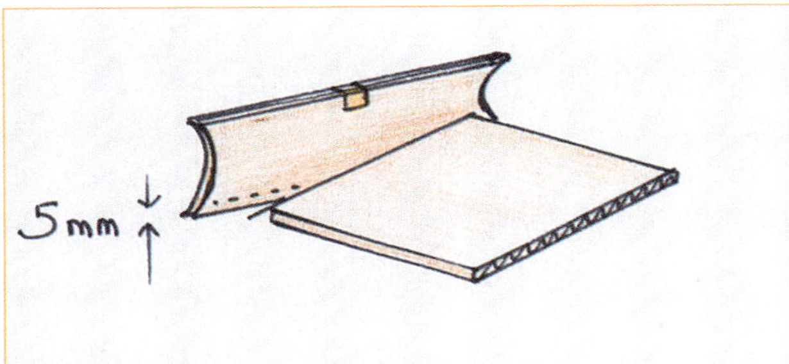

Croquis 8

• Mesurez ensuite l'intérieur du tiroir sur la hauteur. La longueur est celle de la profondeur du tiroir (croquis 9).

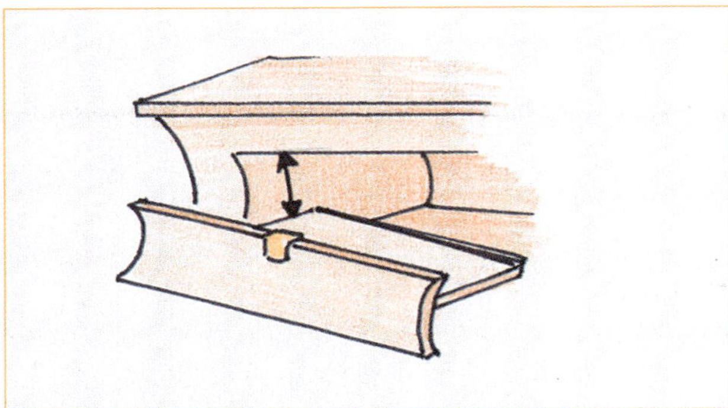

Croquis 9

• Coupez.

• Encollez la tranche sur la longueur et posez le côté à 5 mm du bord. Vérifiez que cela s'ajoute dans la niche avant de finir d'encoller sur la face.

• Même opération pour l'autre côté du tiroir.

Photo g

• Pour le fond du tiroir, dressez le tiroir sur un carton, tracez l'intérieur (photo g).

• Découpez sur ces traits et collez le tiroir en place.

• Vérifiez bien que le tiroir entre facilement dans sa niche, puis habillez tous les angles intérieurs et extérieurs avec le kraft gommé. Votre meuble est terminé (photo h, page suivante).

Photo h

Photo i

La déco du meuble

Avant de procéder à l'habillage, vérifiez qu'il n'y ait pas de grosses écritures sombres sur votre meuble. Il est préférable, s'il y en a, de les masquer avec du kraft gommé pour avoir un fond uni qui sera plus facile à teindre. Le plus sage est de commencer par le dos du meuble. C'est une surface plane d'une part (qui sera moins visible) et qui permet de se familiariser avec la technique d'autre part.

• Mettez le meuble sur la table, en ayant le fond à plat devant vous. Si vous utilisez une colle teintée, passez d'abord une couche sur tout le fond comme une peinture. Pour poser les papiers, remettez un peu de colle, posez un papier et lissez avec le pinceau ; posez les papiers en les faisant se chevaucher. La colle doit toujours être mouillée sous le papier.

• Sur chaque bord brut, encollez et faites dépasser les papiers sur 2 ou 3 cm. Sur les parties arrondies, il faut cranter aux ciseaux jusqu'à l'angle pour pouvoir rabattre sur le côté (photo i).

Pour les angles, il faut aussi quelques coups de ciseaux dans le papier pour bien habiller et protéger les coins.

• Recouvrez tout le fond en faisant donc déborder les papiers sur tous les bords, tout autour, dessus compris, sans oublier la niche du cœur. Laissez sécher.

• Faites ensuite les pieds et les côtés. Posez le meuble retourné sur la table, les pieds en l'air. Posez une couche de colle teintée sur un pied et un côté d'abord.

• Commencez par le côté du fond, en mettant chaque papier au ras de l'arête déjà habillée et en les faisant se chevaucher. Dépassez à nouveau de 2 ou 3 cm sur toutes les faces qui sont encore brutes (croquis 10 page 36).

• Dans l'angle, entre le pied et le côté, appliquez bien le papier au fond du creux.

• À la fin du côté, n'oubliez pas de déborder un peu sur le dessus du meuble (mettez-vous au bord de la table dans le vide). Laissez sécher.

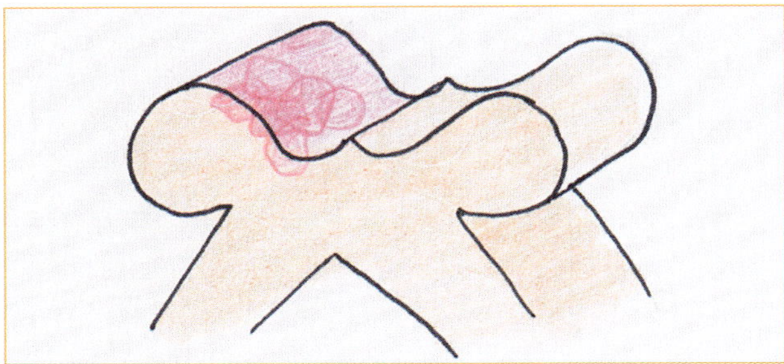

Croquis 10

• Attention, avant de passer à une autre face, vérifiez qu'il y a bien du papier partout car, une fois sec, tout papier rajouté laisserait une marque plus claire. Continuez par le second pied, puis le second côté. Quand vous voulez accélérer un peu, vous pouvez vous aider d'un sèche-cheveux.

• Vous pouvez ensuite vous occuper de la niche en cœur. Encollez partout, puis commencez le collage des papiers au ras de l'arête côté fond. Vous déborderez juste sur la face du meuble.

• Vérifiez que chaque morceau de papier qui déborde sur le côté suivant est bien encollé.
S'il se forme quelques plis dans le papier, laissez-les.

• Vous êtes maintenant très au point sur la technique d'encollage et vous pouvez vous attaquer aux parties les plus visibles du meuble : la façade et le dessus.

• Pour la face, les papiers sont collés au ras des côtés des pieds, du cœur et dépassent de quelques centimètres sur le dessus et à l'intérieur de la niche du tiroir.

• Enfin, recouvrez le dessus du meuble où les papiers seront collés, tout autour, au ras des bords.
N'hésitez pas à mettre plusieurs épaisseurs de papier.
Il ne reste plus que la façade du tiroir.

• Passez d'abord une couche de colle partout sur toute la façade du tiroir, puis habillez bien tout autour la tranche de l'épaisseur, toujours en crantant si besoin.

• Quand tout est bien sec, meuble et tiroir, vous pouvez intensifier la couleur en remettant partout une couche du mélange colle plus pigments.

• Attention, si ce n'est pas assez sec, en peignant vous risquez d'enlever de la couleur et de former des traces blanchâtres.

• Votre couleur n'est pas obligatoirement tout à fait unie, des traces plus ou moins denses lui donnent un aspect de patine à préserver.

• Laissez bien sécher.

• Avant de vitrifier, à l'aide du kraft gommé habillez l'intérieur de la niche du tiroir à 1 cm du bord. L'intérieur sera plus net (croquis 11).

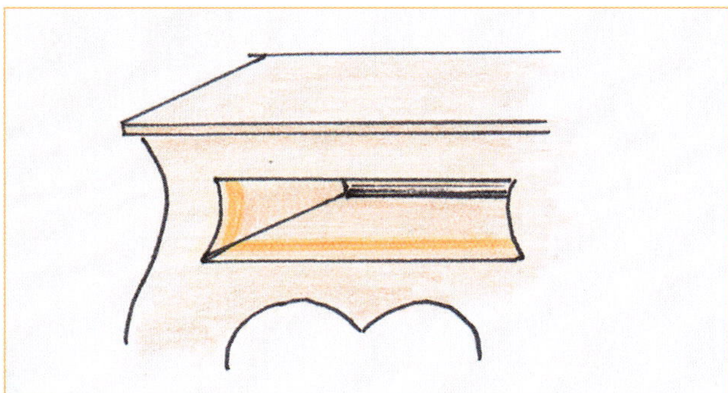

Croquis 11

• Faites la même chose sur l'intérieur et l'extérieur du tiroir, au ras de la façade.

• Sur la façade du tiroir, percez un trou à la vrille pour enfiler la vis du bouton.

• Vous pouvez maintenant vitrifier le meuble. À nouveau, commencez par les pieds en renversant le meuble et, comme pour la couleur, procédez côté par côté.

• Soyez très vigilant, ne mettez pas trop de vitrificateur d'un coup, les coulures font des marques qui restent visibles. Quand une face est vernie, d'un coup de pinceau essoré, essuyez tous les bords de cette face et continuez ainsi en vernissant tout le meuble.

• Passez 3 couches de ce vitrificateur afin que le meuble soit parfaitement protégé.

• N'oubliez pas de passer également du vitrificateur (une couche suffit) à l'intérieur de la niche du tiroir, ainsi que dans et sous le tiroir.

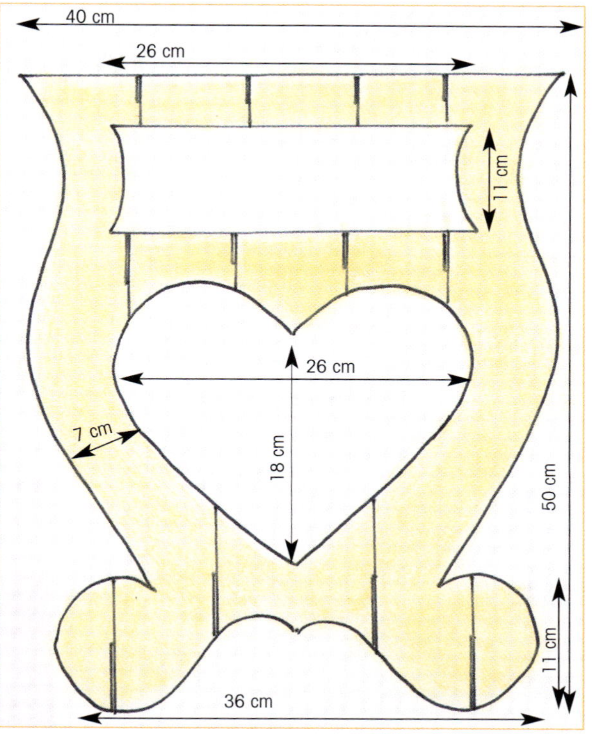

La colonne à disques

Si cette colonne est pratique pour ranger les CD, vous pouvez aussi en changer la taille des casiers et l'utiliser pour ranger des cassettes, des DVD et autres boîtes en nombre.

Deux faces comportent des casiers, les deux autres sont lisses, donc libres pour toute décoration, joli papier, pochoir, poster, etc.

Pour les casiers, une face aux coloris chauds en dégradé, du jaune au rouge sombre, a été peinte, et l'autre face (non visible sur la photo) est colorée en dégradé du bleu pâle au bleu nuit. Bien sûr, là encore, le choix est vaste.

La réalisation de cette colonne consiste en une succession de boîtes collées les unes aux autres. Seule la partie centrale, qui contient les casiers, est fabriquée différemment.

Fournitures

- Du carton double cannelure
- Une plaque de découpe
- Un gros cutter
- Du ruban de kraft gommé
- Une éponge humide
- De la colle repositionnable en bombe
- Des ciseaux, une râpe à bois
- Une règle, un crayon, une gomme
- Un pistolet à colle et un bâton de colle
- Une scie sauteuse
- Du papier à dessin blanc ou du papier quadrillé

Pour l'habillage

- De la colle à papier peint
- Un pinceau
- Du papier de soie
- De la peinture acrylique Déco
- Du vitrificateur aquaréthane
- Des patins de feutre

La réalisation

• Avant de couper chacun des morceaux, vérifiez bien que votre plaque de carton est coupée à angle droit.

• Commencez par le socle de la colonne : boîte A. Dans le carton, superposez deux plaques (faces lisses visibles) et, après équerrage, coupez un carré de 45 cm de côté.

• Pour éviter les surprises, il est préférable, quand vous coupez vos 2 carrés au départ, de garder toujours le même sens que celui de la coupe.
Faites-vous un repère, par exemple, en écrivant FACE sur le dessus et FOND sur le dessous.

• Coupez deux bandes de 45 x 8 cm (perpendiculaires aux cannelures).

• Coupez deux bandes de 43,6 x 8 cm (toujours perpendiculaires aux cannelures).

• Les bandes les plus longues (45 cm) sont collées sur la plaque du fond et sur deux côtés opposés (elles sont collées par la tranche à l'aide du pistolet à colle).

• Les deux autres bandes sont collées (toujours par la tranche) sur la plaque du fond, entre les deux précédentes.

• Pour ces deux opérations très simples, veillez à ce que les bandes du tour soient parfaitement bien alignées au fond.

• Coupez encore quelques bandes de 8 cm de largeur que vous placerez de-ci, de-là sur la plaque du fond et qui serviront à maintenir la 2e plaque couvrant la boîte (croquis 1).

• Plus la boîte est grande, plus vous devez mettre de renforts. Il en faudra toujours dans les angles.

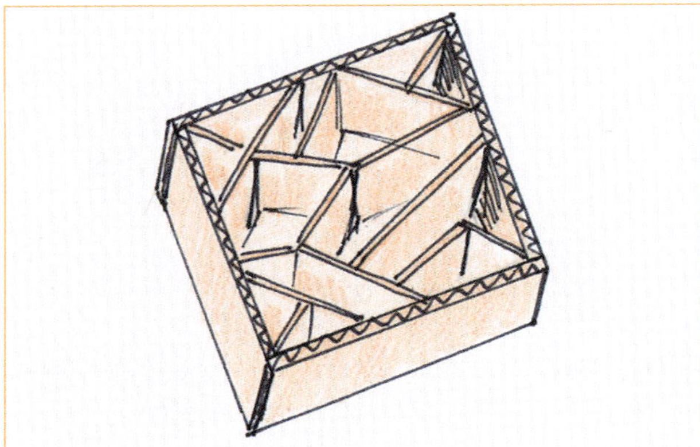

Croquis 1

Ils ne nécessitent aucune symétrie, car ils sont cachés. Ils sont bien sûr collés par la tranche grâce au pistolet.

• Pour terminer la boîte, il vous suffit de coller le couvercle sur le tout. Il est important de faire un essai avant de coller.

• Une boîte est terminée ; il faut habiller toutes les arêtes avec le ruban de kraft gommé.

• Sur ce même procédé, faites les trois autres boîtes dont seules les mesures diffèrent.

– La boîte B mesure : 38 x 38 x 6 cm.
• Pour les bandes des côtés, deux mesurent 38 x 6 cm et les deux autres 36,6 x 6 cm.

– La boîte C mesure 38 x 38 x 3 cm.
• Pour les bandes des côtés, deux mesurent 38 x 3 cm et les deux autres 36,6 x 3 cm.

La boîte D mesure : 41 x 41 x 6 cm.
• Pour les bandes des côtés, deux mesurent 41 x 6 cm et les 2 autres 39,6 x 6 cm.

• Pour mesurer les 2es bandes des côtés, il faut enlever deux fois l'épaisseur du carton : 0,7 cm + 0,7 cm = 1,4 cm.

• Maintenant, les pieds, composés de quatre boîtes de 6 x 6 x 6 cm, sont prêts, et toutes les arêtes sont habillées de kraft gommé.
On va donc réaliser le corps de la colonne qui contient les casiers de rangement.

Les casiers

• Superposez 3 plaques de carton plus grandes que la colonne (32 x 84 cm), soit environ 40 x 90 cm, cannelures perpendiculaires au sol. Avant de fixer ces trois plaques, vérifiez que les deux faces visibles sont lisses.

• Maintenez ces trois plaques avec quelques morceaux de kraft gommé sur les quatre côtés.

• Tracez sur du papier blanc le dessin de la colonne. Vérifiez bien les équerres, du bas, du haut et de chaque casier. Au besoin utilisez un papier quadrillé.

• Collez, avec la colle repositionnable, ce papier sur les trois plaques de carton.

• Avec la scie sauteuse, coupez maintenant un grand côté, puis un petit côté.

• Remettez quelques morceaux de kraft gommé pour bien maintenir les trois épaisseurs et terminez la coupe.

• Séparez les trois plaques et numérotez-les (1,2 et 3) en haut à gauche.

• Reprenez la 1 et la 3 que vous superposez de nouveau ensemble, afin de pouvoir découper les casiers. Assemblez-les bien avec quelques morceaux de kraft gommé tout autour. Vous pouvez maintenant découper les casiers au cutter pour deux épaisseurs et en lignes droites, c'est plus facile au cutter.

• Vous pouvez maintenant désolidariser les deux façades de votre colonne.

• Pour les traverses (voir pages 29-30), coupez des bandes de 5 cm de large sur 15 cm de long. Il en faut 20 en tout, 2 par étage et par façade.

• Posez à plat, sur votre plan de travail, la plaque 1. Sur chaque espace correspondant aux différents étages, collez deux petites traverses par le petit côté, en veillant bien à ce qu'elles ne dépassent ni du haut, ni du bas et qu'elles soient perpendiculaires (croquis 2).

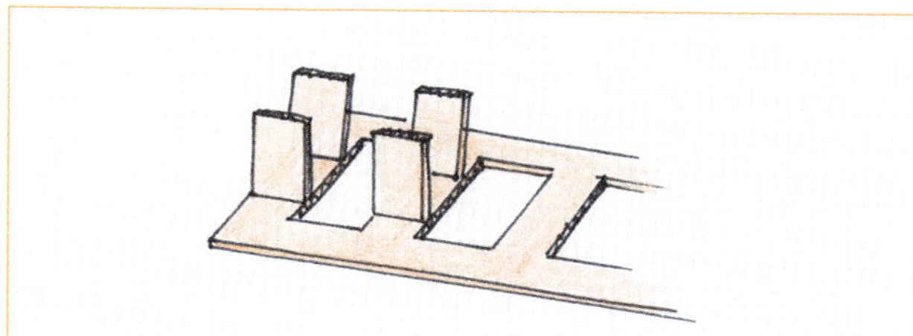

Croquis 2

• Répartissez-les de façon qu'elles ne soient pas dans les angles, mais à 2 ou 3 cm des angles (voir sur le patron, page 44), même opération avec l'autre façade (plaque 3). Collez vos traverses sur la face où n'est pas inscrit 3, car ce sera l'intérieur de la colonne.

Croquis 3

• Posez maintenant la plaque 2 sur la plaque 1, puis la plaque 3, pour procéder à l'équerrage (croquis 3).

• Alignez bien les trois plaques, et, avec l'équerre, vérifiez bien tout le tour. Au besoin, aidez-vous de quelques livres ou BD pas trop lourds pour stabiliser les trois épaisseurs (voir les précisions sur cette étape page 30).

Quand les trois plaques sont bien superposées, procédez avec délicatesse pour ne pas déstabiliser l'ensemble et, avec des morceaux de kraft gommé, fixez la partie des traverses qui n'est pas collée sur la plaque du milieu 2, en ajoutant un morceau de kraft gommé dans chaque angle de chaque traverse sur chacune des faces.

• Avant de continuer, couchez le meuble à plat et laissez bien sécher.

• Mettez maintenant cette structure debout pour pouvoir habiller l'intérieur de chacun des casiers.

Commencez par le « plancher » :

• Avec le réglet, prenez les mesures, profondeur, largeur. Ici 14,5 x 20 cm : vous allez donc couper un morceau de 15,5 x 20 cm.

• Enfilez-le dans sa niche, et, avec le crayon par en dessous, dessinez la profondeur précise en traçant le long de la façade. Recoupez.

• Faites la même chose pour le « plafond » du casier, puis pour chacun des côtés.

• Référez-vous aux étapes, pages 31-32 pour de plus amples précisions.

• Malgré des dimensions semblables au départ, au fur et à mesure des découpes, on constate de légers décalages, c'est pourquoi vous devez mesurer, pour chacun des casiers, les côtés, les plafonds et les planchers.

• N'oubliez pas qu'en façade, toutes les cannelures de chacun des morceaux doivent être perpendiculaires au sol. Les angles seront bien plus nets une fois terminés.

• Quand vous aurez fermé chaque niche **(il y en a 8, 4 par face)**, habillez chaque angle et chaque arête avec le kraft gommé.

• Pour les côtés de la colonne, découpez des plaques de carton de 84 x 34 cm (2 cm de plus d'un côté).

• Faites un essai, pour ensuite coller ce morceau de côté d'un bord au ras d'une façade ; l'autre côté sera recoupé en faisant glisser la lame bien à plat (voir cette étape et la photo d page 32).

• Même chose pour le 2e et dernier côté de la colonne.

• La partie centrale est prête, on ne lui fait ni dessus ni dessous, les boîtes venant se coller de part et d'autre.

• Prenez la boîte A : sur une des faces, collez les pieds à 2 cm dans chaque angle (croquis 4).

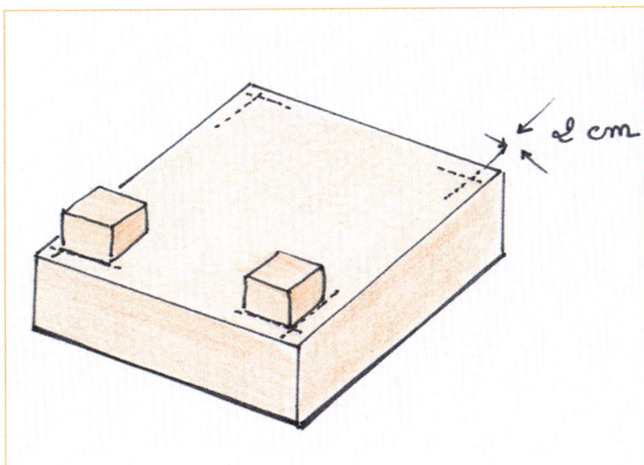

Croquis 4

• Tracez sur le fond, dans chaque angle, 2 traits qui délimitent bien l'emplacement.

• Encollez avec le pistolet un côté du pied et fixez-le au ras des traits en le maintenant bien appliqué. Répétez l'opération pour les 3 autres.

• Remettez votre socle sur l'endroit et tracez à nouveau l'emplacement de la boîte B à 3,5 cm des angles. De la même façon, positionnez, tracez et collez une deuxième boîte.

• Pour placer la colonne proprement dite, tracez maintenant vos repères à 3 cm de chaque angle. Vérifiez l'emplacement avant de coller. Encollez les tranches des plaques 1, 2, 3 et maintenez bien en place, le temps que la colle prenne.

• Prenez ensuite la boîte D, choisissez la face la mieux réussie, s'il y en a une, que vous garderez pour le dessus. Sur l'autre face tracez vos marques à 1,5 cm de chaque bord. Collez-y la boîte C.

• Pour assembler enfin les deux parties, tracez les repères pour le corps de la colonne à 3 cm. Vérifiez que les marques sont bonnes, puis collez les tranches sur la boîte.

• Vous avez presque terminé, il ne manque plus que l'habillage des angles des différentes parties que vous venez de coller.

• Avant de passer à la décoration, collez sur tout le meuble une couche de papier de soie en petits morceaux (voir page 9).
Laissez bien sécher.

• Chacun des casiers, ainsi que les façades ou les côtés sont peints d'une manière différente (Déco Matt de Lefranc & Bourgeois). Vous pouvez bien évidemment privilégier une seule couleur travaillée telle quelle ou en dégradé. Quand la peinture est terminée et bien sèche, attendez 24 heures avant de vitrifier. N'hésitez pas à passer trois couches partout, y compris sur le dessous, le meuble sera ainsi bien protégé.

• Sous chacun des pieds, collez un patin de feutre et ça y est, maintenant, c'est bel et bien fini.

41 cm
6 cm
3 cm
38 cm
5 cm
5 cm
25 cm
5 cm
13 cm
5 cm
13 cm
5 cm
13 cm
5 cm
13 cm
38 cm
5 cm
6 cm
45 cm
8 cm
6 cm
6 cm

La commode à 5 tiroirs

Fournitures

- Du papier blanc
- Du carton double cannelure
- Un gros cutter
- Du ruban de kraft gommé
- Une éponge humide
- De la colle repositionnable en bombe
- Des ciseaux, une râpe à bois
- Une règle, un crayon, une gomme
- Un pistolet à colle et un bâton de colle
- Une scie sauteuse
- Un mètre ruban
- Un rouleau de carton
- Une vrille

Pour l'habillage

- De la colle à papier peint
- Des pigments poudre vert et jaune
- Un pinceau
- Du papier de soie
- De la peinture acrylique Déco Matt jaune
- Quelques serviettes en papier aux jolis motifs
- De la colle pour serviette
- 5 poignées en bois blanc et leurs vis
- 4 patins de feutre
- Du vitrificateur aquaréthane naturel

Réalisation

Sur le papier blanc, reproduisez le patron de la commode page 50.

• Découpez et superposez trois plaques de carton un peu plus grandes que le dessin. Assemblez les trois plaques avec du kraft gommé appliqué sur les quatre côtés.

• Avec la colle en bombe, fixez le dessin sur ces plaques. Munissez-vous de la scie sauteuse et découpez soigneusement le pourtour du meuble. Ajoutez quelques morceaux de kraft gommé au fur et à mesure pour que toutes les épaisseurs restent bien maintenues.

• Séparez les 3 plaques et numérotez-les dans l'ordre 1, 2 et 3. Reprenez les plaques 1 et 2 et assemblez-les avec quelques morceaux de kraft gommé.

• En suivant les consignes de la page 28, découpez précisément les six niches (cinq tiroirs et un casier) en conservant bien les morceaux que vous enlevez. Ce seront les façades des tiroirs.

• Assemblez avec le kraft gommé les deux épaisseurs de chacune des façades.

• Sur la plaque 2, placez et mesurez l'emplacement des traverses, en reprenant le patron joint page 50.

• Dans le carton, coupez une bande de 32 cm de large (de sorte que les cannelures soient perpendiculaires au sol).

• Tracez la médiane, vérifiez que vous êtes bien d'équerre avant de couper toutes les traverses.

• Découpez soigneusement les encoches correspondantes sur les traverses et sur la plaque.

• Faites l'équerrage (voir page 30).

• Habillez chacune des niches en commençant par le plancher, le plafond puis les côtés. Vous pouvez préparer une niche, la coller, préparer la suivante, la coller, etc., ou toutes les préparer et, toutes les coller. Dans ce dernier cas, il est important que chacun des morceaux soit identifié, pour éviter les surprises et les mélanges. Il est plus facile de commencer par la niche du bas et de remonter au fur et à mesure, ce qui laisse plus de visibilité pour travailler.

• Habillez toutes les arêtes de kraft gommé.

• Recouvrez les pieds, les côtés et le dessus, et à nouveau, recouvrez les angles de kraft gommé.

Fabriquez vos tiroirs

Toutes ces étapes sont très détaillées page 34.
• Sur cette commode, il reste une niche, toutes les autres comportent un tiroir. Vous pouvez décider de faire une modification en créant une autre niche à la place de deux tiroirs. Dans ce cas, lors du report du patron, supprimez un montant entre deux tiroirs. Prévoyez alors une traverse de plus pour l'étagère (croquis 1).

Croquis 1

Pour la déco

• Vous utiliserez la technique du papier de soie (voir page 9). La colle à papier peint est colorée avec des pigments vert et jaune en mélange. Faites votre couleur, n'hésitez pas à charger en pigments : la colle paraît rapidement assez colorée, mais une fois le papier sec, la couleur est souvent très fade.

• Faites un essai sur une chute de carton. Accélérez le séchage au sèche-cheveux et au besoin remettez encore des pigments avant de vous lancer dans l'habillage du meuble. Procédez toujours face par face et ne revenez jamais sur un côté déjà réalisé et sec, ceci provoquerait une tache plus claire.

• Quand c'est sec, repassez une couche de colle/pigments sur tout le meuble, sauf les tiroirs pour jouer sur les nuances.

• La niche restée sans tiroir est habillée selon la technique du collage de serviettes en papier. Le fond est peint avec une acrylique Déco (jaune) sur laquelle vous allez poser les morceaux de serviettes à l'aide de la colle.

• Laissez bien sécher le tout.

• Vitrifiez l'intérieur de la niche avec le vitrificateur naturel.

• Préparez vos poignées : sur les façades de tiroir, percez à la vrille des trous pour enfiler les vis de vos boutons.

• Ici, c'est dans le vitrificateur que vous allez ajouter des pigments (vert et jaune, les mêmes que pour la colle) (croquis 2). Passez 2 couches par bouton. Fixez les boutons sur chaque tiroir.

Croquis 2

• Pour le meuble, les quatre faces et le dessus (sauf la niche) sont recouverts de trois couches de vitrificateur teinté.

• Quant aux tiroirs, ils n'ont eu que deux couches de vitrificateur teinté, y compris sur les poignées, ce qui provoque ces différences de densité de couleur.

• Quand tout est bien sec, posez les patins de feutre – deux par pied.

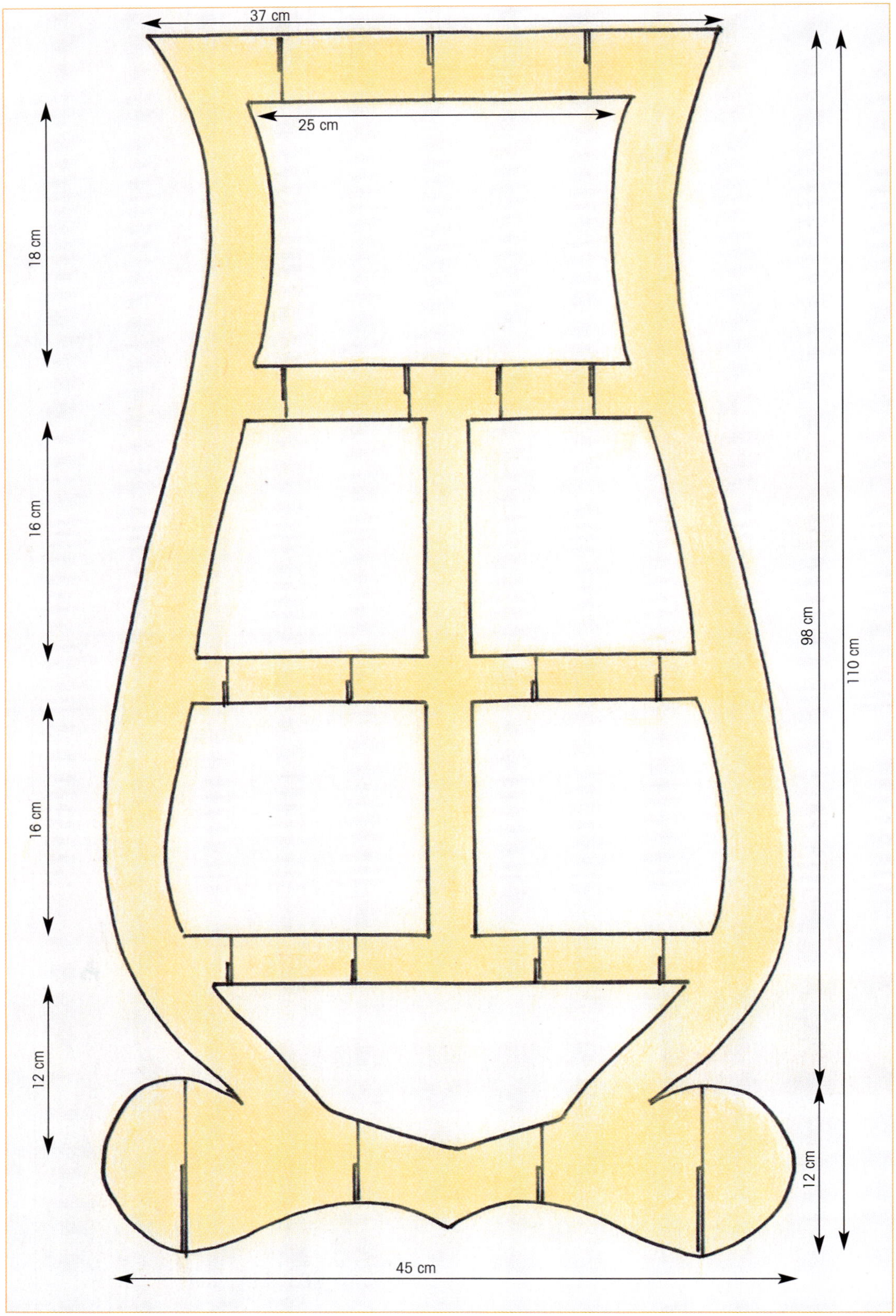
37 cm
25 cm
18 cm
16 cm
16 cm
12 cm
98 cm
110 cm
12 cm
45 cm

La console

Fournitures

- Du papier blanc
- Du carton double cannelure
- Un gros cutter
- Du ruban de kraft gommé
- Une éponge humide
- De la colle repositionnable en bombe
- Des ciseaux, une râpe à bois
- Une règle, un crayon, une gomme
- Un pistolet à colle et un bâton de colle
- Une scie sauteuse
- Un mètre ruban
- Un rouleau de carton
- Une vrille

Pour l'habillage

- De la colle à papier peint
- Un pinceau
- Du papier de soie
- De la peinture Déco Gloss argent (peinture acrylique brillante)
- 2 jolies poignées
- 4 patins de feutre
- Du vitrificateur aquaréthane

Réalisation

Sur le papier blanc, reproduisez à l'échelle le dessin de la console (voir page 58).

• Découpez trois plaques de carton double cannelure (cannelures perpendiculaires au sol) d'environ 110 x 80 cm. Assemblez-les avec quelques morceaux de kraft gommé sur les quatre côtés. Avec la colle en bombe, fixez le dessin sur ces plaques.

• Découpez soigneusement le pourtour de la console, en rajoutant quelques morceaux de kraft gommé au fur et à mesure, pour que les trois épaisseurs soient toujours bien maintenues.

• Séparez les trois plaques et numérotez-les : 1, 2, 3. Reprenez les plaques 1 et 2, superposez-les avec précision et maintenez-les par du kraft gommé.

• Pour la découpe des tiroirs, afin de garder chaque façade intacte, traversez doucement en un point, avec la lame du cutter, les deux épaisseurs de carton (pour ce paragraphe et le suivant voir les étapes détaillées page 28).

• Introduisez la lame de la scie sauteuse par cette petite fente et découpez le tour du tiroir. Gardez bien ensemble ces deux découpes, maintenues par du kraft gommé, ce sera la façade du tiroir faite de deux épaisseurs de carton (croquis 1).

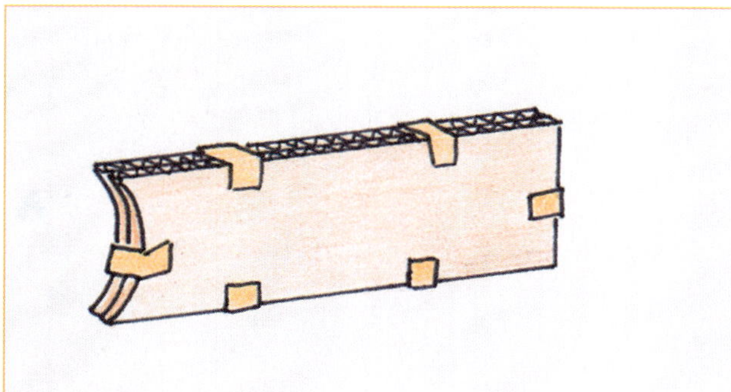

Croquis 1

Vous pouvez maintenant enlever les traces du dessin. Séparez ensuite les plaques 1 et 2 de la console.

• Sur la plaque 2, vous allez tracer les emplacements des traverses.

• Prenez des mesures précises pour faciliter l'équerrage et notez-les à côté de chaque emplacement. Découpez les encoches correspondantes, égales à la moitié de la largeur de la traverse et évidées selon l'épaisseur du carton (voir les étapes pages 29-30) (croquis 2).

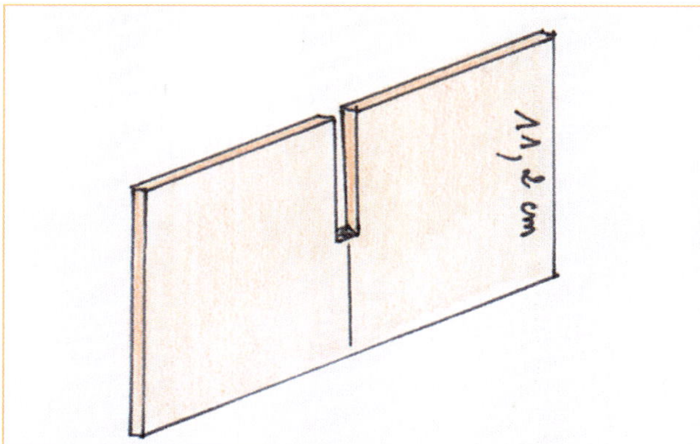

Croquis 2

• Pour ces opérations, restez bien à plat sur le plan de travail, car une seule épaisseur de carton double cannelure pour une surface importante peut se plier ; cela gênerait l'équerrage d'une part et nuirait à la solidité d'autre part.

• Prenez ensuite une plaque de carton dans laquelle vous allez couper les traverses (cannelures toujours perpendiculaires au sol). Coupez une bande de 22 cm de large, tracez la médiane et enfin repérez et découpez les différentes traverses.

• Pensez à vérifier que vous êtes bien d'équerre. Notez sur chacune des traverses sa mesure (entière) : il sera en effet plus facile de l'identifier pour la glisser dans son encoche, elle-même notée (croquis 3).

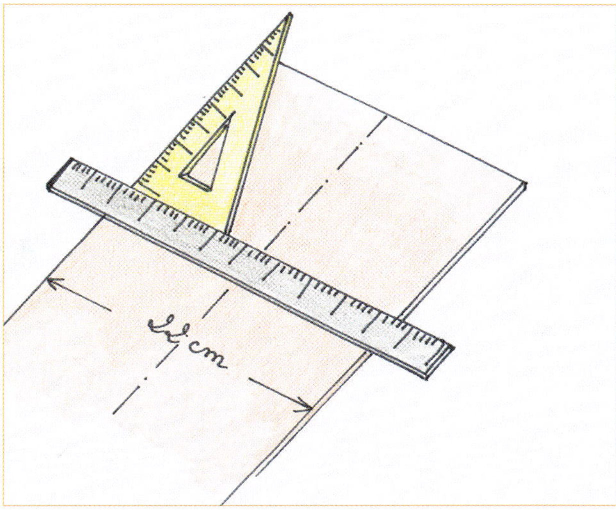

Croquis 3

• Enfilez les traverses à leur place respective sur la plaque du milieu n° 2 (croquis 3 page 30).

• Reprenez la plaque du fond 3, mettez-la à plat sur le plan de travail, posez dessus la plaque 2 munie de ses traverses puis la plaque 1. Alignez-les au mieux, puis procédez à l'équerrage avec précision (voir page 30). Vous pouvez vous aider de quelques revues (pas trop lourdes) pour stabiliser le tout.

• Maintenez ces différentes plaques à l'aide de kraft gommé appliqué dans chaque angle de chaque plaque de traverse. Agissez avec délicatesse pour ne pas déstabiliser l'ensemble (croquis 4).

• Laissez bien sécher.

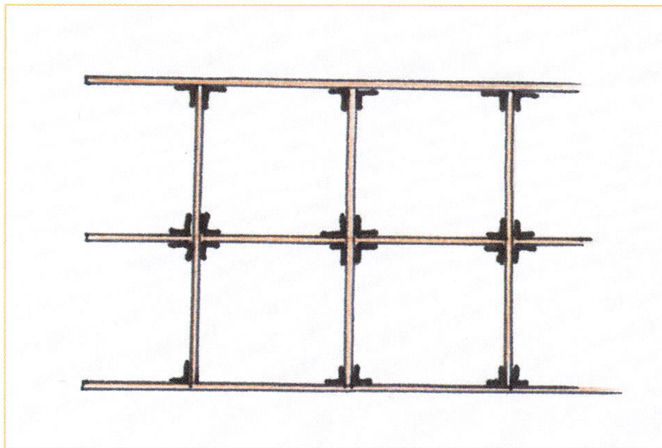

Croquis 4

• Redressez la console avant d'habiller les niches des tiroirs.

• N'hésitez pas à revenir de temps en temps sur les pages 31-32, qui détaillent vraiment toutes ces étapes concernant l'habillage des niches et des meubles.

• Prenez les mesures pour chacun des tiroirs, afin de couper les planchers et les plafonds, puis les côtés. Sur chacun des morceaux et pour chaque niche, notez les positions (par exemple : bas gauche = BG, côté gauche = G, haut gauche = HG, etc.).

• Quand tous les morceaux sont prêts, collez-les avec le pistolet.

L'habillage

• Vous allez maintenant habiller le reste du meuble, en commençant par le pied. Avec le mètre ruban, mesurez le rond du pied jusqu'au milieu du dessous du plateau. Ajoutez 4 à 5 cm à cette longueur et coupez une bande de 26 cm de large sur cette nouvelle longueur (les cannelures sont toujours perpendiculaires au sol) (croquis 5, page suivante).

Croquis 5

• Il faut effectivement surévaluer la longueur du carton d'habillage des courbes. Plus une courbe est marquée, plus le carton est roulé serré, et plus il faut de longueur (voir page 79).

• Avec le rouleau de carton, préformez cette bande et présentez-la sur la console. Recoupez, si besoin, en longueur. Avec le pistolet, collez cette bande.

• Faites la même chose pour l'autre pied.

• Préparez ensuite les deux côtés, préformez-les et collez-les.

• Terminez enfin par le plateau de la console qui englobe les arrondis (croquis 6).

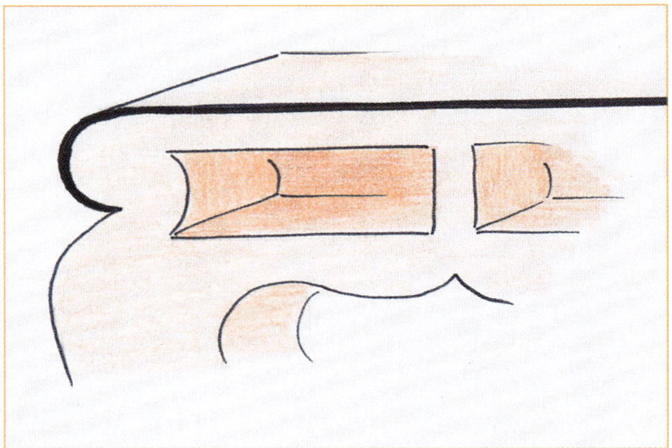

Croquis 6

Quand tout l'extérieur est habillé, vous pouvez recouper le surplus au ras de chaque façade, en faisant glisser la lame tout autour (voir l'étape et la photo d, page 32).

• Avec le kraft gommé, habillez chaque angle et chaque arête. Il reste à réaliser les tiroirs.

• Reprenez vos façades de tiroir. Mesurez l'intérieur du plancher de la niche ; sur ces mesures, ôtez 1 cm en largeur et 0,5 cm en profondeur (croquis 7).

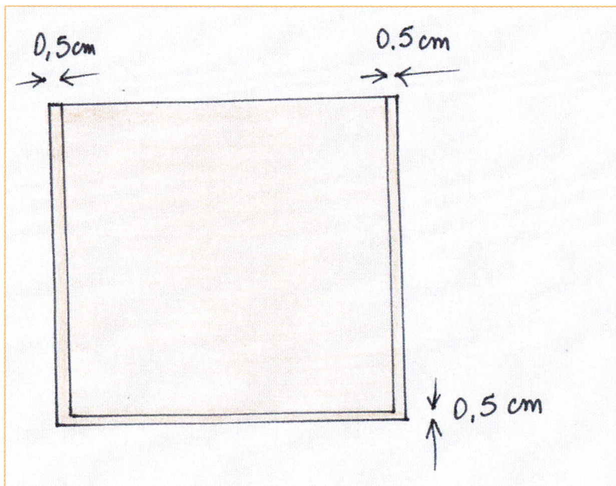

Croquis 7

• Au verso de la façade du tiroir, tracez une ligne à 0,5 cm du bord. Par la tranche, collez le plancher du tiroir au-dessus de cette ligne (croquis 8).

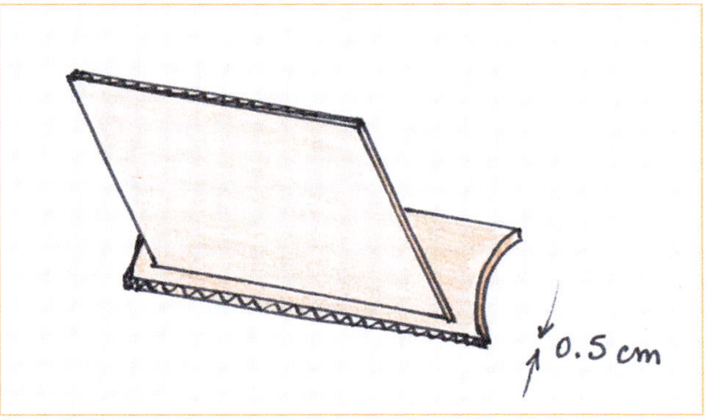

Croquis 8

• Taillez ensuite les côtés puis le fond du tiroir. Collez d'abord les côtés, puis le fond. Entre chaque étape, glissez le tiroir dans sa niche – les retouches éventuelles sont plus faciles à faire au fur et à mesure.

• Une fois les tiroirs collés, achevez en fermant tous les angles et arêtes avec le kraft gommé.

La décoration

• La console est prête pour la décoration. Posez une couche de petits morceaux de papier de soie sur tout le meuble, façades des tiroirs comprises, puis passez deux couches de peinture acrylique Déco Gloss coloris argent.

• Avec le kraft gommé, terminez les bords intérieurs de la niche et l'extérieur des tiroirs.

• Bien que la peinture sèche très vite, attendez 24 heures avant de passer le vitrificateur, pour ne pas ternir la couleur.

• Terminez enfin en plaçant les poignées au milieu de chaque tiroir. Pour cela, faites un tracé léger, avant de percer avec la vrille, puis vissez votre bouton de poignée.

• Collez deux patins de feutre par pied.

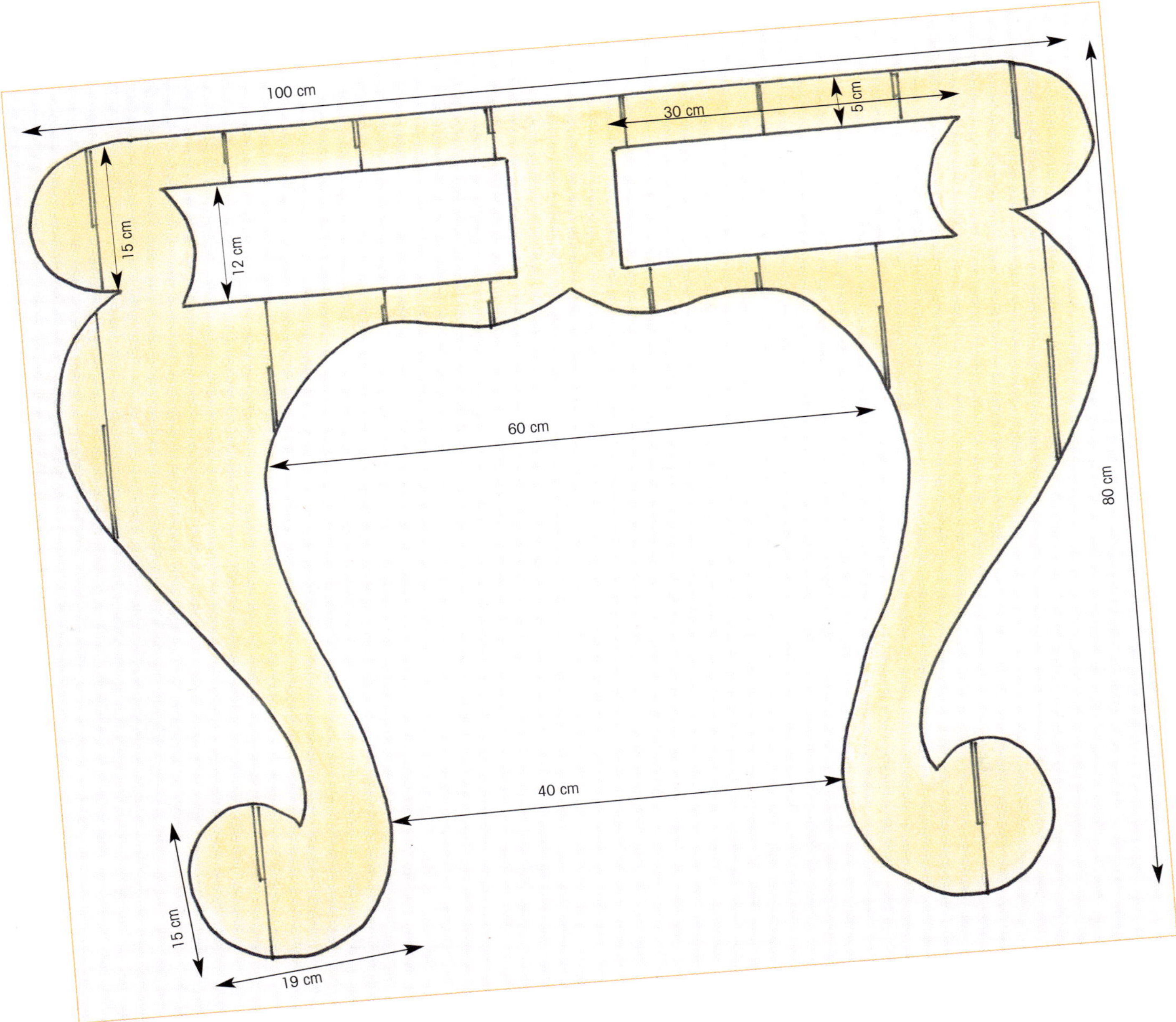
100 cm
30 cm
5 cm
15 cm
12 cm
60 cm
80 cm
40 cm
15 cm
19 cm

La table basse

Cette table basse, pratique pour le rangement, présente un tiroir sur une face et une niche sur l'autre.

Fournitures

- Du papier blanc
- Du carton double cannelure et triple cannelure
- Un gros cutter
- Du ruban de kraft gommé de 4,6 cm de large
- Une éponge humide
- De la colle repositionnable en bombe
- Des ciseaux, une râpe à bois
- Une règle, un crayon, une gomme
- Un pistolet à colle et un bâton de colle
- De la colle à bois
- Une scie sauteuse
- Un mètre ruban
- Un rouleau de carton
- Une vrille
- Une jolie poignée et sa vis

Pour l'habillage

- De la colle vinylique
- De la colle à papier peint
- Un pinceau brosse
- Du papier kraft en rouleau
- Du papier skivertex : une feuille orange (pour le dessus)
- De la peinture Déco Matt
- Des patins de feutre
- Du vitrificateur aquaréthane

Réalisation

Nous allons utiliser du carton triple cannelure pour la structure et les traverses, et de la double cannelure pour faire l'habillage des contours.

• Sur un papier blanc, reproduisez la façade de la table à l'échelle donnée (voir page 67).

• Découpez et superposez quatre plaques de carton triple cannelure (cannelures perpendiculaires au sol), un peu plus grandes que la taille de la table finie. Les quatre plaques sont maintenues sur les quatre côtés par des bandes de papier kraft gommé. Avec la colle en bombe, fixez le dessin sur ces plaques.

• Munissez-vous de la scie sauteuse, et découpez soigneusement les contours externes. Au fur et à mesure de la découpe, remettez quelques morceaux de kraft gommé pour maintenir les quatre épaisseurs ensemble.

• Séparez les quatre plaques obtenues et numérotez-les en haut à gauche 1, 2, 3 et 4.

• Ne reprenez que les plaques 1, 3 et 4 et superposez-les à nouveau en les maintenant avec quelques morceaux de kraft gommé.

• Vous allez découper l'emplacement du tiroir et de la niche. Pour garder la façade du tiroir intacte, avec la lame du cutter, traversez doucement les trois épaisseurs en un point par petits à-coups (un cutter coupe comme un rasoir!). Puis introduisez la lame de la scie sauteuse par cet interstice, et découpez le tour.

• Mettez de côté la plaque du dessus, ce sera la façade du tiroir (une seule épaisseur suffit).

• La plaque 2 de la table, restée de côté, servira de fond à la niche.

• Reprenez maintenant les plaques 2 et 3 de la table pour tracer l'emplacement des traverses. Notez chacune des mesures (une plaque 2 pleine et une plaque 3 avec l'emplacement de la niche. Découpez en respectant bien le sens de la découpe des encoches.

Les traverses

• Dans le carton triple cannelure, découpez une bande de 45 cm de large (cannelures perpendiculaires au sol). Sur chaque côté, tracez une droite à 15 cm des bords (croquis 1).

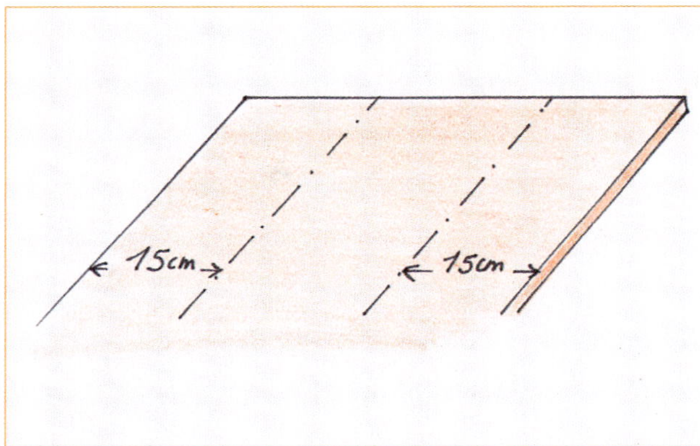

Croquis 1

• Découpez toutes les traverses – il y en a 18 en tout – et notez dessus leurs mesures, la largeur des traverses étant précisément à la même dimension que l'espace entre le rebord de la table et le haut de la niche (croquis 2 page suivante).

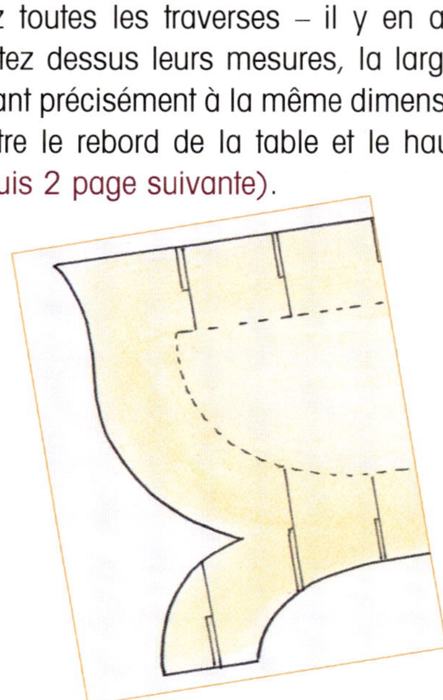

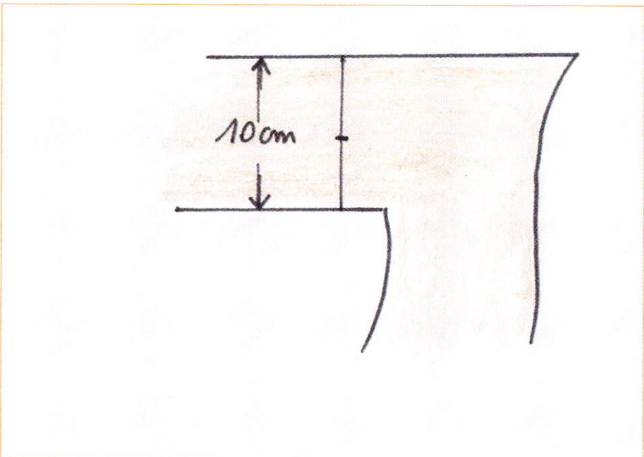

Croquis 2

• Chacune des traverses aura deux encoches (coupées jusqu'à la moitié de la largeur). La découpe est faite de part et d'autre de chaque droite, afin d'éviter un espace pour l'épaisseur du carton (croquis 3).

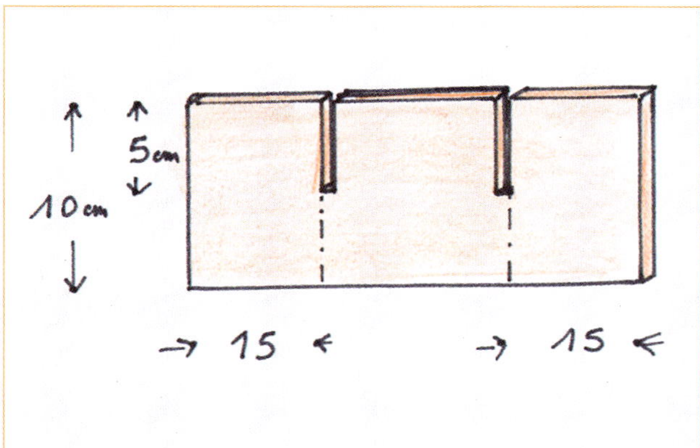

Croquis 3

• Glissez maintenant chacune des traverses dans ces encoches, en respectant bien chaque emplacement.

L'équerrage

• Posez à plat sur le plan de travail la plaque 1, l'ensemble des plaques 2 et 3 et les traverses, puis la dernière plaque 4 sur le tout.

• Alignez-les bien les unes au-dessus des autres, puis vérifiez le tout avec une équerre (voir page 30).

• En faisant attention de ne rien déplacer, collez un morceau de kraft gommé dans chaque angle dessus et dessous pour maintenir les plaques 1 et 4 (croquis 4).

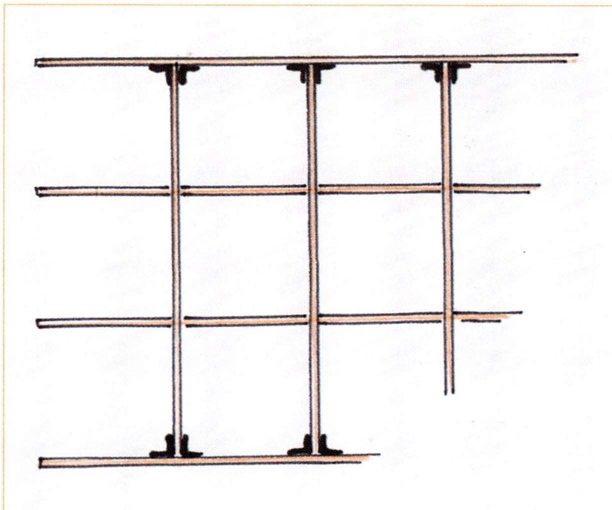

Croquis 4

L'habillage

• Prenez maintenant du carton double cannelure, pour habiller l'intérieur des niches (voir pages 31-32).

• Avec le mètre ruban, mesurez l'intérieur de la niche sur la partie arrondie, ainsi que sa profondeur.

• Découpez un carton 1 ou 2 cm plus grand que ces dimensions et préformez-le avec le rouleau de carton. Pour plus de détails, reportez-vous à la page 32 pour l'habillage extérieur du bloc.

• Présentez ce carton dans sa niche et recoupez le surplus de la longueur avant de le coller. Le surplus de la profondeur sera recoupé après le collage en faisant glisser la lame du cutter le long de la façade (photo d, page 32).

Le plancher de la niche est prêt, il reste le plafond à réaliser :

• Prenez les mesures en laissant 1 ou 2 cm de plus en profondeur, ce qui sera recoupé ensuite, le long de la façade.

• Sur l'autre côté de la table, faites les mêmes opérations ; la niche est de la même taille, seule la profondeur est différente.

• Quand les deux niches sont terminées, habillez tous les angles et arêtes avec le kraft gommé. Avec le carton double cannelure, vous allez habiller les côtés et les pieds de la table.

• Pour prendre les mesures des formes arrondies, utilisez un mètre ruban.

• Mesurez la longueur et la largeur de la surface à habiller et découpez un carton qui aura 1 ou 2 cm de plus dans chaque sens.

• Préformez-le avec le rouleau de carton, positionnez-le et recoupez le surplus en longueur avant de coller. Les surplus en largeur seront arasés ensuite de part et d'autre de la façade.

• Habillez les côtés un par un, le côté des pieds, le dessous des pieds, puis le dessous de la table. Fermez tous les angles et arêtes avec le kraft gommé (croquis 5).

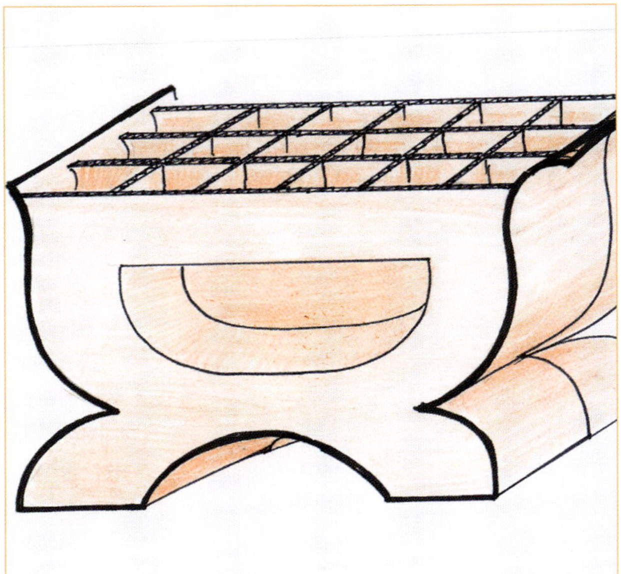

Croquis 5

• Pour le dessus de la table, retournez celle-ci sur une plaque de carton triple cannelure et tracez-en le contour.

• Ôtez la table et tracez un nouveau carton à 1 cm tout autour à l'extérieur de l'empreinte.

• Faites une coupe bien nette sur ce nouveau trait.

• Avec le pistolet, encollez rapidement quelques tranches des traverses de dessus, puis centrez bien le dessus en le maintenant quelques instants.

• Soulevez délicatement les bords côté façade, pour remettre une pointe de colle.

• Terminez enfin en habillant la tranche de ce dessus, ainsi que l'arête de jonction avec la table.

Le tiroir

Sur le modèle réalisé ici, le casier le plus profond reste en niche, pour y ranger des magazines par exemple, et le plus étroit est prévu en tiroir pour y ranger télécommandes et autres trésors.

• Prenez la façade du tiroir, sur le verso, tracez une ligne à 0,5 cm du bord arrondi.

• Mesurez l'intérieur de la niche, sur la partie arrondie, retirez 1 cm de chaque côté.

Pour la profondeur de la niche, tracez avec la mine, le long de la façade, et retirez 1 cm (croquis 6).

Croquis 6

• Encollez, avec le pistolet, la tranche en arrondi et venez la plaquer au ras du trait que vous avez tracé sur la façade du tiroir (croquis 7).

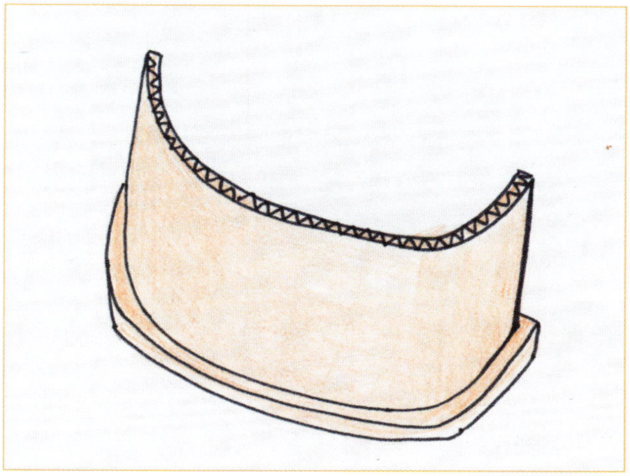

Croquis 7

• Présentez-le dans sa niche pour voir si rien ne gêne. Pour le fond du tiroir, posez la partie encore ouverte du tiroir sur une plaque de carton double cannelure, tracez à l'intérieur et coupez sur le trait (croquis 8).

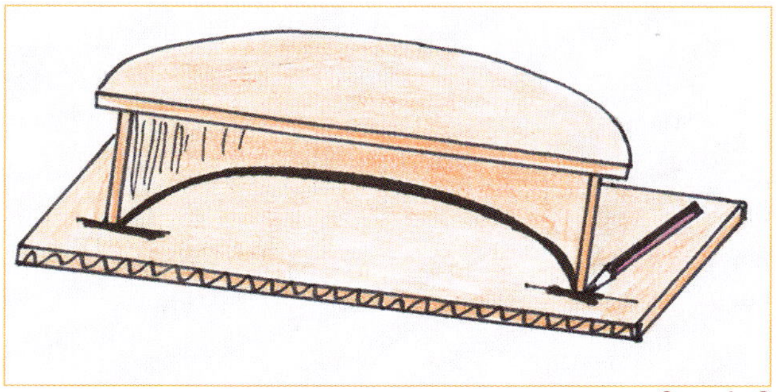

Croquis 8

• Encollez le bord de ce fond et placez-le à l'intérieur du tiroir. Avant d'habiller tous les angles et les arêtes avec le kraft gommé, vérifiez qu'il coulisse bien dans sa niche sans accrocher. Vous pouvez au besoin modifier légèrement avec quelques petits coups de râpe à bois.

La décoration

Sur la photo, la table est habillée selon la technique du papier de soie, mais avec du papier kraft. Ce papier étant un peu épais, il vaut mieux le déchirer en petits morceaux, plutôt que le découper.

La technique de pose est la même, les petits morceaux se chevauchent dans tous les sens et sont collés avec de la colle à papier peint (photo i page 35). Vu la texture de ce papier, une seule couche de kraft suffit.

• Recouvrez toute la table (sauf le dessus), l'intérieur du grand casier et la façade du tiroir.

• Pour la niche du tiroir, arrêtez la pose des morceaux de papier à environ 2 cm du bord. Une bande de kraft gommé en contresens finira proprement la niche, en la posant à 1 cm de l'angle. Pour le grand casier, passez deux couches de peinture Déco Matt – ici coloris framboise.

• Le dessus de la table est gainé avec le skivertex, collé à la colle vinylique.

• Pour la poignée, mesurez la largeur du rebord supérieur du tiroir, et repérez le milieu. Puis descendez perpendiculairement à 6 ou 7 cm à partir de ce milieu ; tracez une petite croix à cet emplacement (tout dépend bien sûr du modèle de bouton que vous avez choisi).

• Avec une vrille, percez doucement la façade au milieu de la croix (croquis 9).

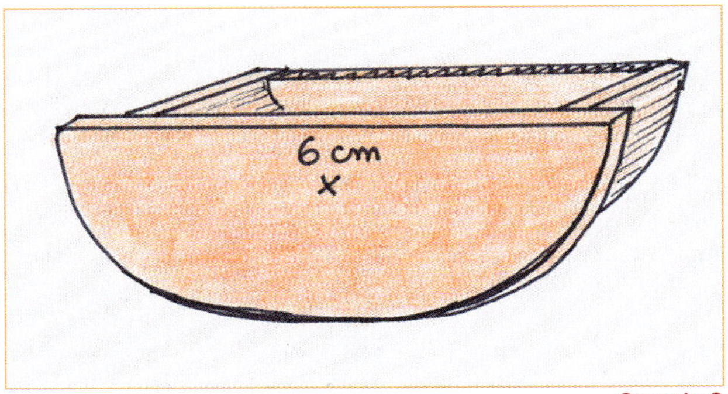

Croquis 9

• Par ce trou, enfilez la vis autour de laquelle vous aurez glissé une rondelle, côté façade ; vissez la poignée (croquis 10).

Croquis 10

• Le meuble est presque terminé. Passez trois couches de vitrificateur, en laissant sécher entre chacune. Mettez-en bien partout, y compris le tiroir et sa niche. N'hésitez pas à en mettre aussi sur le skivertex pour bien protéger tout le meuble.
Quand c'est bien sec partout, posez des patins de feutre sous les pieds et c'est fini ; admirez votre œuvre !

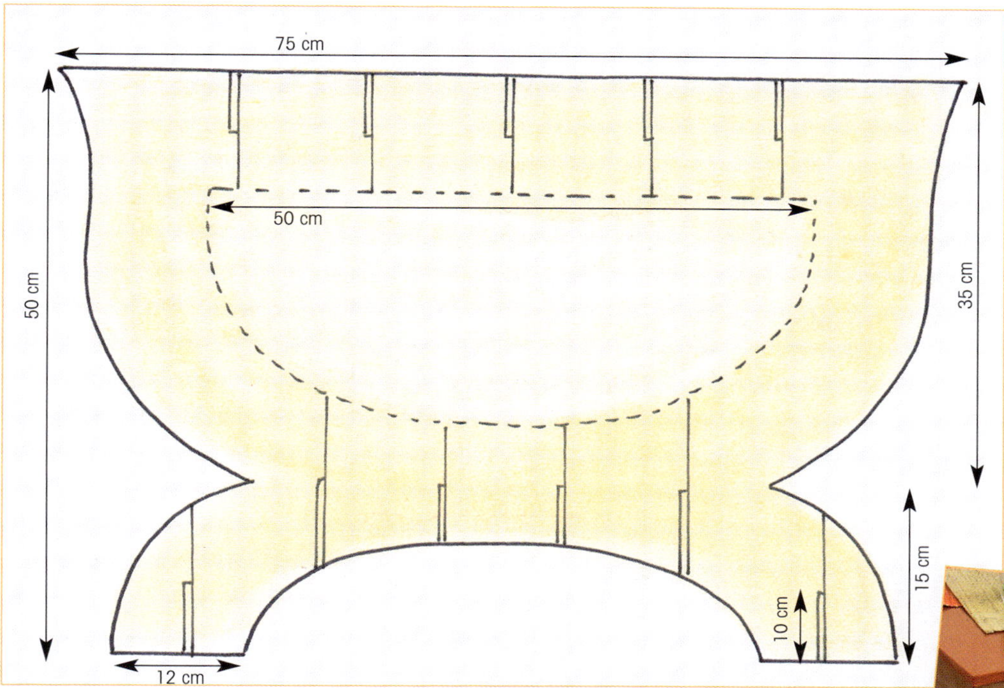
75 cm
50 cm
50 cm
35 cm
15 cm
10 cm
12 cm

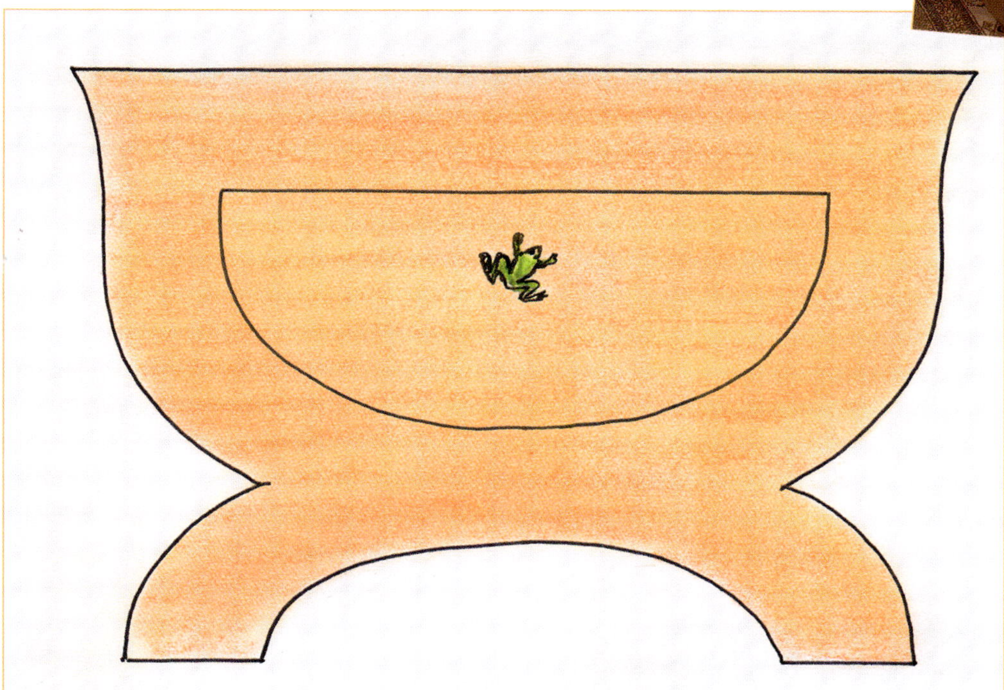

La commode « de style »

Fournitures

- Du papier blanc
- Du carton double cannelure
- Un gros cutter
- Du ruban de kraft gommé
- Une éponge humide
- De la colle repositionnable en bombe
- Des ciseaux, une râpe à bois
- Une règle, un crayon, une gomme
- Un pistolet à colle et un bâton de colle
- Une scie sauteuse
- Un mètre ruban
- Un rouleau de carton
- Une vrille

Pour l'habillage

- De la colle à papier peint
- Des pigments poudre rouge et brun
- Un pinceau
- Du papier kraft blanc
- De la peinture dorée + de la patine noire (+ de l'essence de pétrole)
- 3 poignées en bois blanc et leurs vis
- 4 patins de feutre
- Du vitrificateur aquaréthane

Réalisation

Sur le papier blanc, reproduisez le dessin de la commode à l'échelle, (voir page 71). Découpez et superposez trois plaques de carton, un peu plus grandes que le dessin.

• Assemblez-les avec des morceaux de papier kraft gommé sur les quatre côtés.

• Fixez le dessin dessus avec la colle repositionnable et découpez soigneusement tous les contours du meuble avec la scie sauteuse. Veillez à ce que les trois plaques restent bien solidaires pendant cette opération.

• Séparez les trois plaques que vous numérotez 1, 2 et 3.

• Superposez les plaques 1 et 2, et maintenez-les avec quelques morceaux de kraft gommé ; puis découpez les trois emplacements de tiroir, sans abîmer les façades. Pour cela, revoyez les détails précis, de ces étapes aux pages 28 et 29. Sur la plaque 2, en suivant le croquis (page 71), tracez et mesurez les emplacements des traverses (voir page 29).

• Coupez les traverses dans une bande de carton de 34 cm de large (cannelures perpendiculaires au sol).

• Découpez ensuite les encoches correspondantes dans la plaque et les traverses (voir pages 29-30).

• Placez les traverses.

• Faites l'équerrage (voir page 30).

• Garnissez chacun des trois casiers à tiroir avec le carton (voir page 31) et habillez les angles avec le kraft gommé.

• Recouvrez les pieds, les côtés et le dessus, toujours avec le carton double cannelure (voir pages 32-33) et fermez tous les angles avec le kraft gommé.

• Réalisez vos trois tiroirs en suivant les indications de la page 34.

• Pour la décoration, utilisez la même technique que celle du papier de soie (voir page 9), mais ici avec du papier kraft blanc.

• Dans la colle à papier peint, mélangez les pigments et faites un essai de couleur sur une chute de carton. Attendez le séchage pour voir la couleur définitive.

• Comme le kraft blanc est un papier assez épais et que la couleur est assez dense, une seule couche de morceaux de papier est suffisante.

• Quand tout le meuble est recouvert, repassez une ou deux couches de mélange colle + pigments sur toute la surface, comme une peinture, pour intensifier la couleur.

• Vous pouvez ensuite ajouter des pigments (pas trop) dans le vitrificateur, et en passer trois couches partout.

• Pour peindre les poignées, page 49, fixez-les sur un morceau de carton (voir commode à 5 tiroirs page 49). Les poignées des tiroirs sont patinées avec de la peinture dorée, sur laquelle, après séchage, ou passer un peu de patine noire.

• Fixez-les précisément au milieu de chaque tiroir.

• Enfin, posez les patins de feutre, deux sous chaque pied.

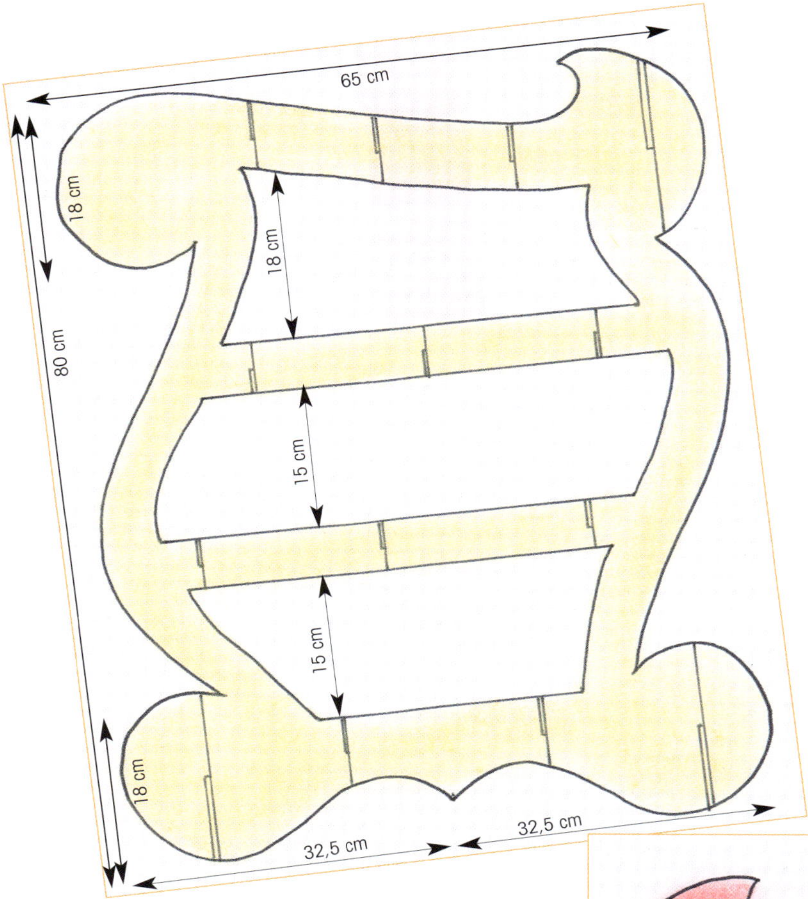
65 cm
18 cm
80 cm
18 cm
18 cm
15 cm
15 cm
32,5 cm
32,5 cm

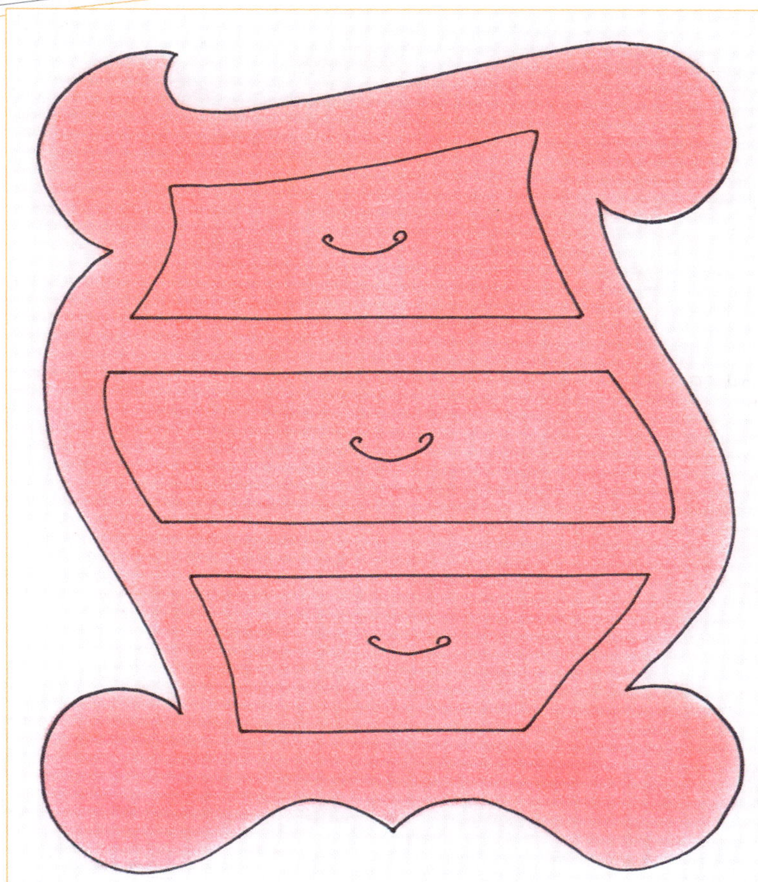

Le fauteuil

Contrairement à certaines idées reçues, le carton est très solide et ce fauteuil n'est pas à réserver aux poids plume que sont nos enfants, mais peut bel et bien supporter le séant rebondi d'un adulte. Pour la réalisation de ce fauteuil, munissez-vous de carton triple cannelure (pour la structure) avec des surfaces suffisamment grandes (environ 70 x 90 cm) et de carton double cannelure (pour habiller les arrondis).

Fournitures

- Du papier blanc
- Du carton double cannelure et triple cannelure
- Un gros cutter
- Du ruban de kraft gommé
- Une éponge humide
- De la colle repositionnable en bombe
- Des ciseaux, une râpe à bois
- Une règle, un crayon, une gomme
- Un pistolet à colle et un bâton de colle
- De la colle à bois
- Une scie sauteuse
- Un mètre ruban
- Un rouleau de carton

Pour l'habillage

- De la colle vinylique
- Un pinceau
- Du papier skivertex : deux feuilles rouges et deux feuilles bordeaux
- Des patins de feutre (ou un morceau de moquette)
- Du vitrificateur aquaréthane

Réalisation

• Sur un papier blanc, reproduisez à l'échelle la forme du fauteuil et celle de l'accoudoir (voir page 77).

• Découpez quatre plaques d'environ 70 x 90 cm (cannelures perpendiculaires au sol), et superposez-les avec des bandes de kraft gommé. Avec la colle en bombe, appliquez les dessins sur ces quatre plaques.

• Découpez soigneusement les contours avec la scie sauteuse. Au fur et à mesure de la découpe, remettez quelques morceaux de kraft gommé pour que les quatre épaisseurs restent bien solidaires.

• Pour la partie siège : ôtez le papier à dessin, séparez les quatre plaques et numérotez-les 1, 2, 3, 4.

• Superposez les plaques 2 et 3 et maintenez-les par des morceaux de kraft gommé ; tracez dessus les emplacements des traverses comme indiqué sur le croquis 1 et notez chaque mesure. L'ençoche pour chacune des traverses est égale à la moitié de la largeur de celle-ci. L'encoche est évidée en fonction de l'épaisseur du carton utilisé – ici 1,3 cm (voir croquis 1, page 29).

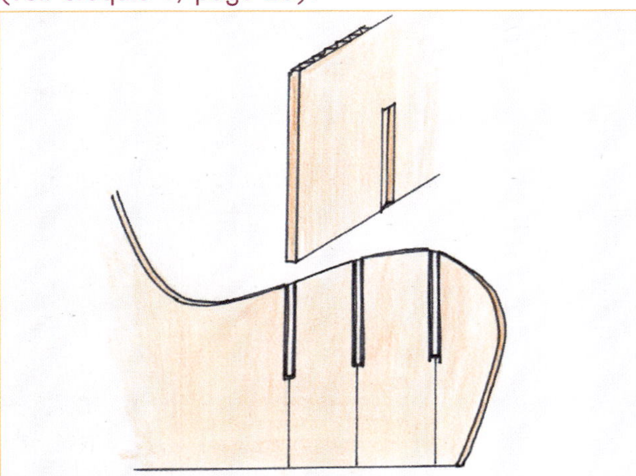

Croquis 1

Les traverses

• Toujours dans le carton triple cannelure, coupez une bande de 48 cm de large.

• Tracez une droite à 16 cm de chaque côté (croquis 2). Puis coupez les traverses en notant chaque mesure – elles seront ainsi plus faciles à repérer pour les glisser dans leurs encoches, déjà notées. Pensez à vérifier que tout est bien d'équerre.

• Suivez le modèle page 77 pour situer l'emplacement des traverses sur votre plaque. Les longueurs précises ne sont pas données, elles peuvent varier suivant l'endroit où elles sont placées. Il y en a quatre pour l'assise et quatre pour le dossier.

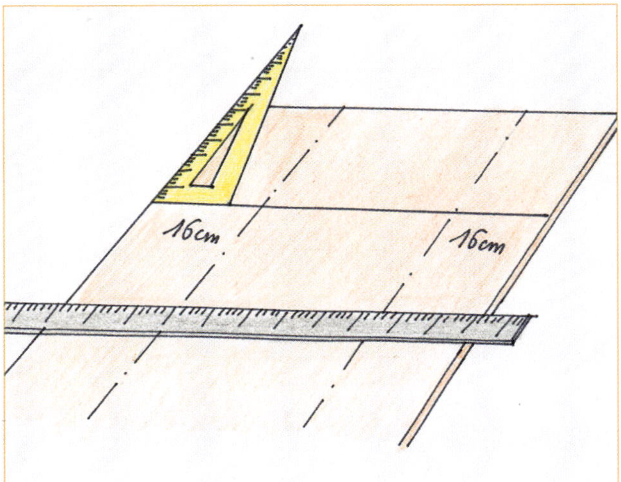

Croquis 2

• Faites des encoches sur chacune des traverses, jusqu'à la moitié de la largeur (la découpe est faite de part et d'autre de chaque droite) (croquis 3 page suivante, et voir les consignes pages 29-30).

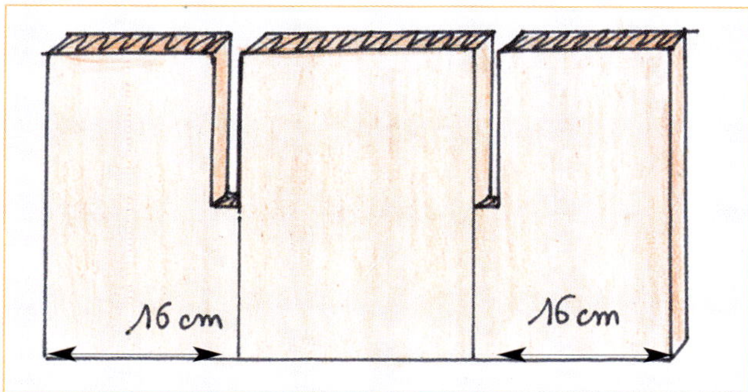

Croquis 3

• En respectant bien leur emplacement, glissez chacune des traverses dans son encoche sur les plaques 2 et 3.

• Sur le plan de travail, posez la plaque 1, l'ensemble des plaques 2 et 3, puis la plaque 4 ; faites l'équerrage (voir les consignes page 30).

• Collez un morceau de kraft gommé dans chaque angle du dessus et du dessous pour maintenir les plaques 1 et 4 (croquis 4).

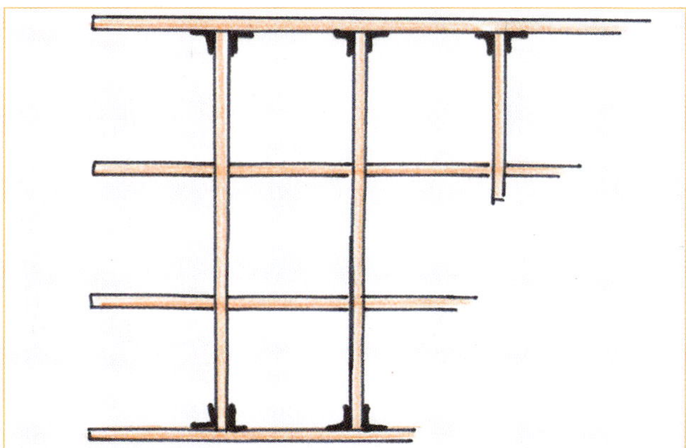

Croquis 4

• Laissez bien sécher avant de relever le fauteuil.

• Prenez du carton double cannelure. Coupez plusieurs bandes de 53 cm de large sur une longueur maximale (il faudra faire des raccords).

• Préformez-les en vous aidant du rouleau de carton.

• Collez-les sur la structure du siège, tout autour, en commençant par un bas, par exemple ; faites en sorte que le raccord des différentes bandes se situe l'un dans le retour de l'assise, et l'autre, sur le dos du dossier (croquis 5).

• Pour le raccord des bandes, encollez la tranche entre les deux et maintenez bien serré, avant de continuer.

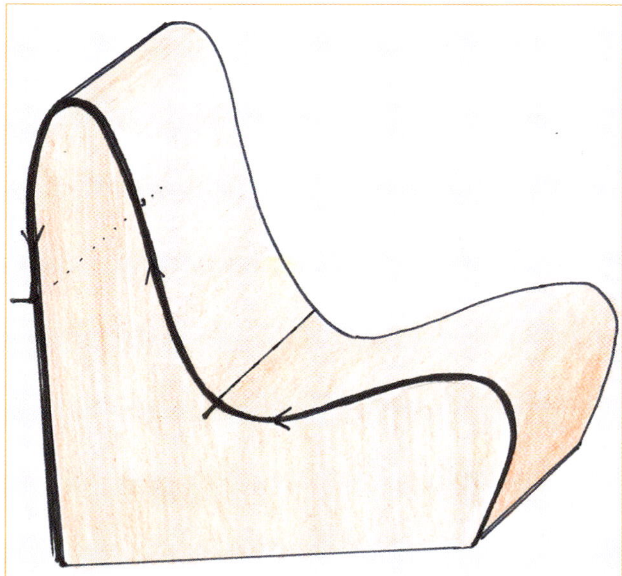

Croquis 5

• N'oubliez pas le dessous du siège : votre carton est utilisé tel quel, sans le préformer bien sûr, car il doit rester bien plat.

• Au niveau de l'assise proprement dite, avant de coller le carton double cannelure préroulé, on peut fixer à la colle à bois un morceau de carton bois de 2 mm d'épaisseur, qui évitera que dans le temps les traverses marquent (le carton-bois est utilisé en encadrement).

Les accoudoirs

Pour faire chacun des accoudoirs, on va se servir du principe de la « boîte » déjà utilisé pour la colonne page 38.

• Dans le carton double cannelure, coupez une bande de 9 cm de large qui fera le tour de chacun des accoudoirs. Pour faire le tour des pieds et du bas, veillez à bien croiser les bandes. Les bandes sont collées sur la tranche de l'accoudoir avec le pistolet à colle (croquis 6).

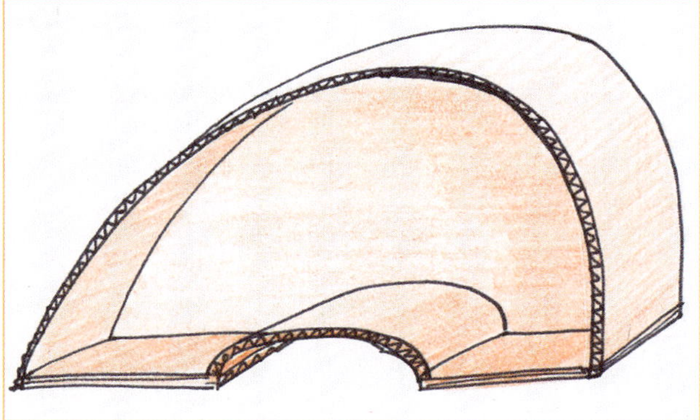

Croquis 6

• Coupez des bandes de 7,7 cm de large (9 cm dont on ôte l'épaisseur du carton triple soit 1,3 cm : cannelure) que vous collerez par la tranche, ceci pour consolider l'épaisseur (croquis 7).

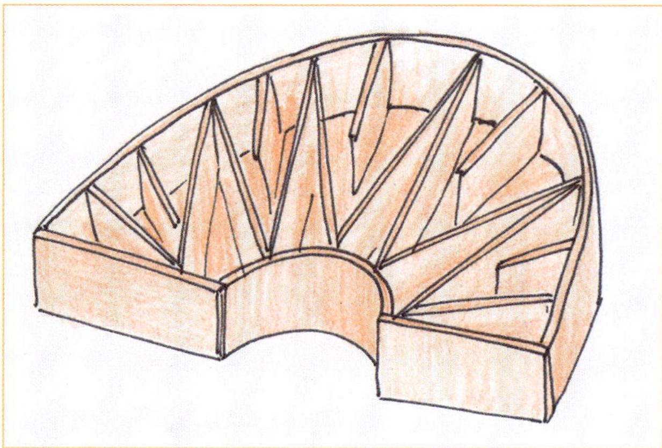

Croquis 7

• Replacez ensuite l'autre morceau de la « boîte » qui viendra s'encastrer dans la partie déjà réalisée. Faites un essai avant de coller ce « couvercle » avec le pistolet. Un des accoudoirs est prêt, faites l'autre identique. Il vous reste maintenant à fermer tous les angles et arêtes avec le kraft gommé, tant des accoudoirs que du siège.

• Reprenez sur le patron du fauteuil, l'emplacement des accoudoirs (suivez les pointillés). Si vous choisissez de les déplacer un peu, veillez cependant à une parfaite symétrie de part et d'autre du siège.

• Posez le siège sur un côté, placez un accoudoir et tracez le pourtour au crayon.

• Avec la colle à bois, encollez le siège, appliquez-y l'accoudoir, et maintenez-le bien plaqué par des poids : bottins, catalogues, etc. Quand c'est bien sec, retournez le siège sur l'autre côté et fixez le 2e accoudoir.

• Avec le kraft gommé, terminez de fermer les angles des accoudoirs sur le siège. Votre fauteuil est terminé, il ne vous reste plus qu'à le décorer.

• Sur la photo, il est gainé avec du papier skivertex, c'est un papier assez épais, donc facile à poser, qui a un aspect cuir. L'assise est recouverte en bordeaux et les côtés en rouge. Quant aux accoudoirs, ils sont bordeaux avec la tranche rouge. Amusez-vous à mélanger les couleurs.

• Vous pouvez aussi utiliser la technique du papier de soie avec des pigments dans la colle, ou toute autre formule de votre choix. Faites toujours des essais au préalable avant de vous lancer sur votre chef-d'œuvre. Une fois la déco achevée, passez deux ou trois couches de vitrificateur, pour bien protéger l'ensemble.

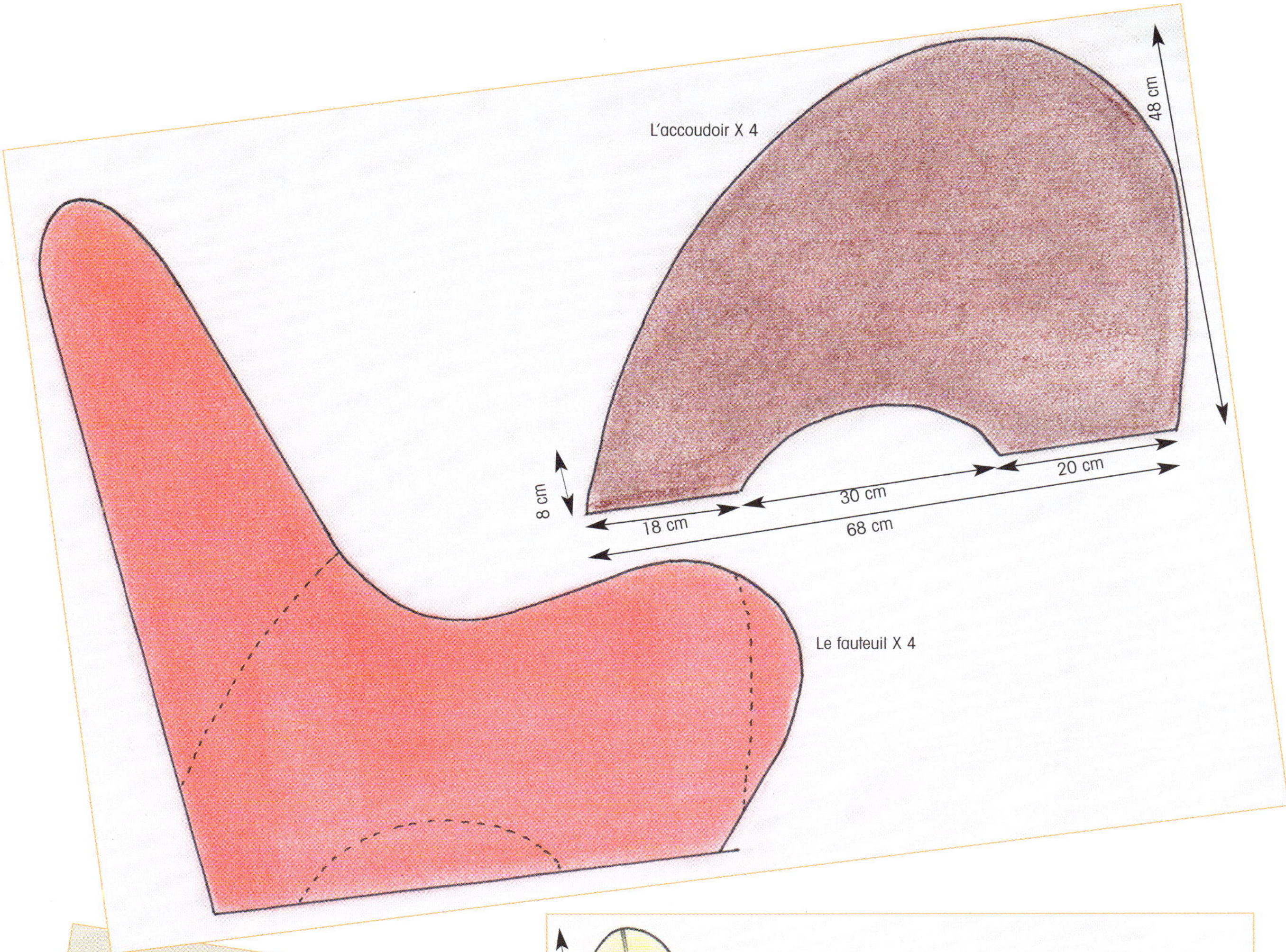
L'accoudoir X 4
48 cm
8 cm
18 cm
30 cm
20 cm
68 cm
Le fauteuil X 4

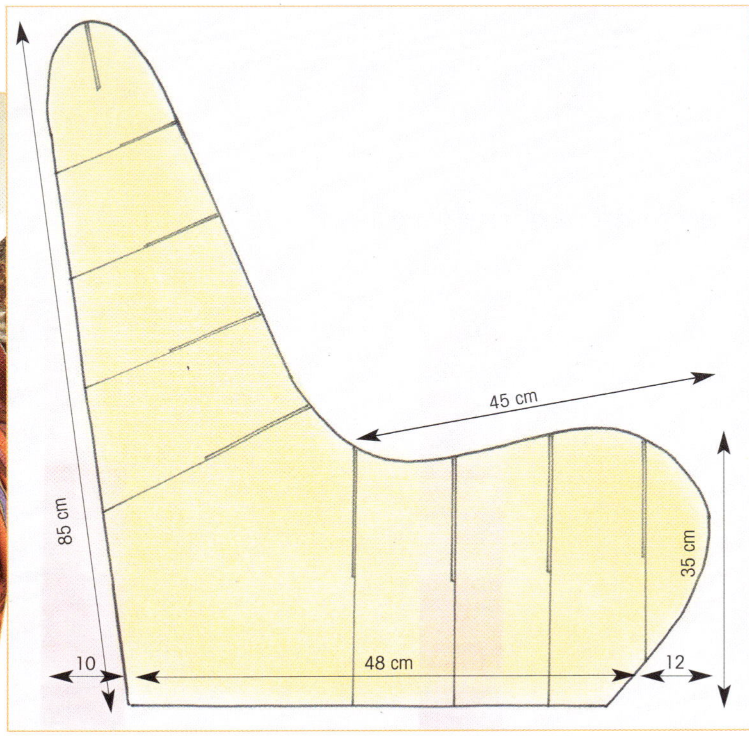
45 cm
85 cm
35 cm
10
48 cm
12

Quelques trucs et astuces

Le dessin

• Pour le dessin sur le papier blanc, vous pouvez tracer un quadrillage de 5 x 5 cm, ce qui vous aidera à reproduire le dessin.

• Pour les formes symétriques, tracez une droite verticale au milieu du papier blanc, et ne dessinez que la moitié du motif, pliez sur l'axe et, par transparence, reproduisez la symétrie.

• Si la taille proposée ne vous convient pas, modifiez-la en faisant attention à respecter les proportions.

• Vous pouvez agrandir à la photocopieuse, en ajustant ensuite les différents morceaux.

• Quand vous décidez de faire vous-même vos formes, pour dessiner votre esquisse, utilisez un papier à petits carreaux (0,5 cm) et donnez-vous un cadre à l'échelle dans lequel s'inscrira le motif. C'est plus facile de faire petit à l'échelle, et de reproduire en plus grand ensuite.

• N'utilisez que du carton qui n'a pas été plié abîmé ou troué (agrafes, etc.). Il doit être plat (pas cloqué) et ne doit pas avoir pris l'humidité.

• Les écritures ne gênent pas. Vous pouvez, sur les façades du meuble avant de procéder à la déco, les masquer en collant des bandes de kraft gommé. Ceci est indispensable si vous choisissez la déco au papier de soie.

• Quand vous devez faire des raccords de bandes, pour le fauteuil par exemple, ne les mettez pas n'importe où, mais plutôt dans les parties les moins visibles et (ou) dans les parties où il y a le moins de portée. Masquez ce raccord avec le kraft gommé.

• Pour les meubles au dessus plat, vous pouvez coller une plaque de carton-bois (avec de la colle à bois) qui rend la surface très solide (voir la table basse et la console, mais cela est possible aussi sur la colonne, la commode à 5 tiroirs et le chevet).

• N'hésitez pas à utiliser la scie sauteuse, le cutter et le pistolet sur des chutes de carton. Découpez des angles, des arrondis. Collez le carton par tranches, coupez ensemble au cutter plusieurs plaques de carton, etc.

• Quand vous faites vos découpes au cutter, changez souvent la lame. Le carton les use beaucoup.

• Quand vous tracez et coupez les traverses, numérotez-les toutes sur un même côté. Quand vous les placez, veillez à ce que toutes les écritures soient du côté de la plaque centrale. L'équerrage sera plus facile à réussir (croquis 1).

Croquis 1

• Quand vous mesurez un côté pour l'habiller d'une bande de carton, si le côté est droit, la mesure ne change pas. Mais si le côté est courbe, il faut prévoir plus de longueur car, en le roulant, vous le raccourcissez. Plus la courbe est formée, plus vous devez ajouter de la longueur.
Faites un petit essai : avec un cercle de 20 cm de diamètre, coupez une bande qui mesure le périmètre 20 x 3,14 = 60,28 cm ; roulez cette bande et testez-la.

• Récupérez, chez un marchand de tissu, un ou deux rouleaux en carton, ils seront précieux pour vous aider à préformer vos formes arrondies.

• Pour l'équerrage, il faut beaucoup de morceaux de kraft gommé. Coupez-en un bon nombre d'avance de 7 ou 8 cm environ de long. Attention, la chaleur ou le soleil font rouler ce kraft gommé et le rend difficile d'utilisation.

• Vous collez au pistolet, mais la colle n'a pas pris, ou le morceau n'est pas au bon endroit : décollez aussitôt et, avec le cutter, enlevez bien la colle sur les deux parties, avant de recommencer l'opération.

• Avant de vitrifier, vérifiez bien que le papier ne cloque pas trop. Si par endroits une ou deux cloques apparaissent, avec une seringue, injectez de la colle à papier peint dans la bulle et marouflez pour bien aplatir. Pour le prochain meuble, appliquez-vous davantage pour l'étape du collage du papier.

• Pour la table basse, vitrifiez la face en papier kraft (une couche par exemple) avant de peindre l'intérieur de la niche ; ainsi une coulure de peinture sur la table ne sera plus un ennui, un coup d'éponge pourra réparer l'erreur.

Table des matières